lun yu shu yao

周应之 传述

论语述要

lun
yu
shu
yao

图书在版编目（CIP）数据

论语述要/周应之传述. —上海：华东师范大学出版社，2019
 ISBN 978-7-5675-9525-5

Ⅰ.①论… Ⅱ.①周… Ⅲ.①儒家 ②《论语》—研究 Ⅳ.①B222.25

中国版本图书馆 CIP 数据核字（2019）第 152320 号

论语述要

传　述	周应之
策　划	李保民
责任编辑	时润民
特约编辑	宋冠霖
装帧设计	朱　平（点朱传媒）
出版发行	华东师范大学出版社
社　址	上海市中山北路 3663 号　邮编 200062
网　址	www.ecnupress.com.cn
电　话	021-60821666　行政传真 021-62572105
客服电话	021-62865537　门市（邮购）电话 021-62869887
地　址	上海市中山北路 3663 号华东师范大学校内先锋路口
网　店	http://hdsdcbs.tmall.com/
印 刷 者	上海盛通时代印刷有限公司
开　本	890×1240　32 开
印　张	13.5
字　数	291 千字
版　次	2019 年 9 月第 1 版
印　次	2021 年 7 月第 2 次
书　号	ISBN 978-7-5675-9525-5
定　价	45.00 元
出版人	王　焰

（如发现本版图书有印订质量问题，请寄回本社客服中心调换或电话 021-62865537 联系）

天方命命施垂统
圣总明明发宪章

夫子之道

在颜子,心不违仁。

在曾子,大学也。

在子思,中庸也。

在孟子,存心养性事天也。

在董子,策应天人也。

在韩子,不道则夷。

在濂溪,诚也。

在横渠,为天地立心,为生民立命。

在程朱,存天理,去人欲。

在陆王,致良知。

在船山,责开生面也。

在末学,知其光明也。

知其光明也

　　方今国际交通，文明互有，缤纷之色已令人目波流连，神色摇醉；而人之生涯也限，终需一大归之处，于焉可身心寄放。

　　身心寄放何谓也？身寄之而德润有余，心放之而智明无碍；德润有余则身无患害，有天年之可享，智明无碍则心有颜乐，有天命之可安。若夫子之道无可身心之寄放，则厮磨其中，岂非光阴之虚掷哉？故欲人反性就中，从命归一，则当体解于夫子之道，知其光明何处。

　　欲体解之，其有要路乎？

　　知光明处，其有信实乎？

　　夫子之道虽承述于先王，脱化于五经，而夫子以其天全之仁，超迈之智，加乎不厌之学，不倦之诲，已论经呈华于当时，开境立极于后世，其道不啻为先王、五经之归藏，亦为生命全然之擘画，一贯圆方，略无阙处；而有此种种殊极之胜者，其不为《论语》乎？

　　观乎《论语》，或应疑问，或行劝诫，夫子体道而陈言，莫不许其性命于人天之际，依仁而敷词，莫不显其德法于伦常之间；夫子或在家邦，或处朝野，其语默动止，沉吟慨叹，莫不由二三子记之生动，议之清详；而二三子之从学夫子，时有议论之横生，莫不善然中的，唯其高下有异，深浅不同而已；至于当时贤士隐者之议，亦能呼应于夫子，且其余音清亮；而其中先王之或议，从其精一之言，已然见天之命赋！此所以昭列者，盖因夫子之道命承焉！圣贤议论既富，集之而成《论语》，而议论之生本乎理路之善陈，故习《论语》之言，自可从言寻绎而趋造其理窟，似不必博引典要以藉听，泛征史籍以资鉴；虽其章句简短，而文约义丰，神情自备，直可合其神情而随文舒布，优游其义府，亦不必萦牵诸子以权衡，钩连百家以量度；故解夫子之道，其要不在《论语》乎？

盖夫子之道盛，已有理学之徒穷微在前，又有心学之士阐幽在后，若能续其幽微，体凡圣一体之心，同愚贤一同之理，自叩心端以求达于夫子之性命，自析理端而求通于夫子之德法。一俟通达之时，即觉有光明自来；而此光明岂有异乎日月之明？盖于人心之彻其无异也。是其无异，故夫子之道可齐之乎日月之光！唯其无异，故夫子可喻之乎日月者也！其为人生大归之所，已不复疑问，于此身心寄放而可安然永受矣！

至于信实与否，盖光明之处即为信实，信实之处即有光明，复何须遑遑以外求耳？

故《论语述要》之旨，唯在述其清要，知其光明而已矣，岂敢小道以弄巧，但求大章之登极也。

2018 年 2 月 22 日
周应之于云端孟母堂

中和之气

　　中和之为气，其气中道合体，温厚深永，其和阴阳而赞成天道，其和消长而生成万物，其和礼乐而化成人文，元亨利贞，长运而不衰也。

　　夫子者，禀中和之气者也。

　　夫子中和之气体于容色，表于辞气。而夫子已去二千五百年矣，其容貌既没，颜色不存，声音不闻，而今之人何以得求夫子中和之气哉？所幸夫子虽没，而其言辞尚存。《论语》者，乃夫子与门弟子之言语也；既为言语，必有辞气以贯之，若能得言中辞气，则夫子中和之气可求矣。然之于之、乎、者、也，长言短句，可得而求其辞气者乎？可得而求其中和之气者乎？

　　《论语》虽开篇劝学，而"不亦"之词反覆者三，未尝不是夫子自劝自勉也，何尝有劝于人也？然其自劝又何尝不劝于人也？故劝与不劝之间有夫子之中和之气焉。

　　夫子尝言："默而识之，学而不厌，诲人不倦，何有于我哉？"辞强者、辞弱者各有其所见。辞强者强据其辞，则曰此三者于夫子何难之有；而辞弱者弱称其辞，则曰夫子于此三者似未能也。然春阳之与人也，何曾强，何曾弱，又何曾强而不弱，弱而不强者耶？盖强弱之间有春阳中和之气焉。而夫子何尝不让，何尝让，又何尝不是让而不让，不让而让者耶？故让与不让之间有夫子之中和之气焉。若后来之人体夫子而曰："默而识之，学而不厌，诲人不倦，此三者于我有何难？而王道荡荡，学无止境，化无穷时，故此三者又何曾有成功于我？"则此其非夫子不让又让者与？

夫子于弟子之教训何尝不厉，何尝不温，又何尝不是温中有厉，厉中有温者耶？故温、厉之间有夫子之中和之气焉。夫子尝斥宰予昼寝："朽木不可雕也，粪土之墙不可杇也！于予与何诛？"若后来之人能体夫子而曰："汝知否？朽木不可雕也，粪土之墙不可杇也！"则此其非夫子之辞厉而气温者与？

夫子既禀中和之气，其于人事而称言，则无所不施，无所不用也。若不能顺其言而求其辞气，求其中和之气，以中和之气而求夫子，其能得夫子乎？其能得夫子之言乎？其能得《论语》乎？

2017 年 2 月 27 日
周应之于云端孟母堂

例言

一、本书章句以朱子《四书章句集注》（下简称《集注》）为基本，有不同者四：一是将《公冶长篇》第一章中"子谓南容"一节单独列章；二是将《述而篇》第二十五章中"子曰善人"一节单独列章；三是将《乡党篇》第十一章中"康子馈药"一节单独列章；四是将《卫灵公篇》第一章中"在陈绝粮"一节单独列章。

二、本书句读亦以《集注》为基本，唯《述而篇》中第三十三章句读有所不同；此章本书句读为：子曰："文莫，吾犹人也；躬行君子，则吾未之有得。"

三、本书字词之释义，虽亦以《集注》为基本，而补订较多，凡补订之处，其末皆画圆形以示之。

四、凡先王、周公、夫子所言，皆以"道"为表达，以区别其他人物之所言。

五、行文大体以文言为主，盖非文言难达夫子之意。

六、《论语》既为语体，语词不可或缺，语词与文意关系重要。为文意表达之清晰，亦使语气易为如今之人所接受，凡原文中也、矣、乎、哉等语词，多以现代语词为表达。

七、或以为"述要"有增字解经之嫌，不然，就原文而说义，即已离原文而另述，文辞不能不变。

八、至于大义之抒，则未泥于《集注》。

目录

学而第一	3
为政第二	19
八佾第三	39
里仁第四	61
公冶长第五	79
雍也第六	101
述而第七	123
泰伯第八	149
子罕第九	167
乡党第十	189
先进第十一	205
颜渊第十二	225
子路第十三	245
宪问第十四	269
卫灵公第十五	301
季氏第十六	327
阳货第十七	343
微子第十八	365
子张第十九	379
尧曰第二十	399

次第

君子之成在学,故《学而》开篇。
君子志在天下之正,故《为政》次之。
为政之要首在礼乐,故《八佾》次之。
礼乐为仁情之表,故《里仁》次之。
讲评人物以益仁风,故《公冶长》次之。
治国人才难得,故《雍也》次之。
王道弥新,治无可缺,故《述而》次之。
逊让为王道之至,故《泰伯》次之。
大利在仁,而人莫信之,故《子罕》次之。
仁厚之养在乡风,故《乡党》次之。
乡风淳而民质朴,故《先进》次之。
无礼不足以仁民爱物,故《颜渊》次之。
治德如君子之德,故《子路》次之。
知耻而有德修,故《宪问》次之。
为君者须有德,故《卫灵公》次之。
为臣者须有义,故《季氏》次之。
为君子者亦有责,故《阳货》次之。
若贤人隐逸,则国危矣,故《微子》次之。
君子见危致命,故《子张》次之。
但使天禄永续也,故《尧曰》为终。

学而篇

学而第一

凡十六章

（一）

子曰："学而时习之，不亦说乎？有朋自远方来，不亦乐乎？人不知而不愠，不亦君子乎？"

【注解】

学 效法先贤，觉悟王道。○

习 鸟数飞也。重复所学以涵咏其理，运用所学以感悟其道。○

说 同悦；谓事理之会、性天之反而有心体之亨通也。○

朋 同类也。

乐 论道之音克谐于心也。○

不愠 心位中和而无怨也。○

君子 全德之名。其以仁为心，以道为理，以圣为师，以儒为业也。○

【述要】

　　夫子道："为人而好学，好学先王之道，学有所知，时习于心以体会，时习于行以验效，习有所得，得而益学，学与习互表，习与学互益，于是日进其功，月累其德，岁往而终有大成，此不亦人生之至乐吗？为人又如何能不笃志以求学呢？

　　道气相应，德音相感，近可以取邻，远可以慕往，或成朋友以相互取益，或成师徒以上下学问，终可以扬明道善，喧大德声，此不亦人生之至乐吗？为人又如何能不专志以求道呢？

　　人不知其道广而讪笑，其如道而不愠；人不知其德厚而怨怼，其如德而不愠；不知其仁慈而贬抑，其如仁而不愠；不知其义勇而威加，其如义而不愠；不知其礼约而慢待，其如礼而不愠；不知其智明而扰惑，其如智而不愠；不知其信实而轻忽，其如信而不愠。此不亦为君子之象、人生之至乐吗？为人又如何能不潜志以求成君子呢？"

人生而能感通万物，故人生而知学。圣人劝学，非为强使，而由乎人之天性也，而圣人所劝者，必为先王之道也。先王之道，尽得于事理，复归乎天命，而事理天命之一贯，好学者会其事理，达其天命，是以有其心体亨通之悦也。悦之滋滋，好学之不止，君子终能于德业有成也。

而开篇夫子论学劝学，虽自设问连连，又自确然无疑，悦乐之境，不愠之地，已显夫子德性之圆满；而其自问，又是逆起语气以发问，一遣学者自反其心以叩，排荡意念以寻绎，直欲往趋步履，求合于圣心，学者虚怀之域亦廓然自大。由自问而发问而叩问，师生声气相激以随，终能拽扶后进，一合圣心，设问之效可谓大矣！而教义若由直陈，强使学者以知，往往适得其反，故问之善设，已巧示孔门教法之活泼，其亦成学问之常用也！

（二）
有子曰："其为人也孝弟，而好犯上者，鲜矣。不好犯上，而好作乱者，未之有也。君子务本，本立而道生。孝弟也者，其为仁之本与？"

【注解】
有子 孔子弟子，名若。
孝 善事父母。
弟 通悌；善事兄长。○
鲜 少也。

务　专力也。
本　孝弟也。○
道　人伦也。○
仁　即天之懿德,其曰生生,命为人性之本,而成亲爱之体也。人之所以为仁,既有其天性之必然,亦有使人性美善之欲也。○
与　疑辞,谦退不敢质言也。

【述要】

　　有子说:"其人孝爱父母,而能推远于事天、事君、事师之亲敬,悌顺兄长而能推远于朋友之交亲,因此违悖情理而好为犯上者,这很少见;不好犯上,而好违法作乱,未曾有之。君子专注于事物之本,注重孝悌之行;能行孝悌,那人伦之道则由此而生,由此而立,由此而可大行也;孝与悌是为仁之根本吗?当然是根本啊!"

　　人生而爱父母,亲兄弟,是为孝弟,其为仁情之初显,唯此初显而能推远而成人伦之大者。仁之用,唯以成人伦也,而其用之初,孝弟也,故孝弟者,其亦为仁之本也。

(三)

子曰:"巧言令色,鲜矣仁!"

【注解】

巧言　巧,好也;好其言以奉谀。○
令色　令,善也;善其色以取媚。○
仁　人性美善之见也。○

【述要】

　　夫子道:"仁者情真而言实;言不由实,情不由衷,但以修辞巧技为言，以献谄取媚作色，如此之人，则自弃人性之美善而少仁可言了。"

（四）
曾子曰："吾日三省吾身：为人谋而不忠乎？与朋友交而不信乎？传不习乎？"

【注解】
省　反视于内，内问于心也。○
曾子　孔子弟子，名参，字子舆。
人　君上也。○
忠　必以王道为志业，必以尽贤为己要。○
信　以诚以实也。○
传　谓受之于师。
习　谓熟之于己。

【述要】
　　曾子说："我每日多有反省：为人君谋事，有否履道如一，竭己才智与忠勇？与朋友交往，有否秉诚如一，守信终始？于先王所传学问，有否勤习如一，会深于心而行远于道？"
　　事君以忠，接友唯信，从学于师而明传习，此不唯君子内省之要，亦为君子学业事功之基本。

（五）
子曰："道千乘之国，敬事而信，节用而爱人，使民以时。"

【注解】
道　治也。

千乘　诸侯之国，其地可出兵车千乘者也。
国　王道由承之器，生民安乐之所。○
敬　主一而无适之谓。
事　众生之利。○
信　人之所能仰赖也。○
节　度也，限也。天行有节，其法度森然而不爽，故能列秀星辰而恒陈乎天文也。圣人仰观之而领会其道，于是乎制彝则以显胜人文；而彝则之制固在节度人事也。故节之为用，乃人天之通则，无节则不足以成文也。○
爱　仁之谓也。○
民　国之体也。○
时　谓农隙之时。

【述要】
　　夫子道："如何治理千乘之国呢？首当敬事以建树，而后可以取信于民；其次爱民而恤民力，节己之用以养仁，如此则能远播仁声而归服民心了；不失信，兼爱人，又知民之闲忙，如此则能不夺民时而可以使用民力了。"
　　道其国，实则治其民也。民者，国之大体也，体之得失关乎国家兴亡。夫子知民爱民，使民有方，是其合大体也。

（六）
子曰："弟子入则孝，出则弟，谨而信，泛爱众，而亲仁。行有余力，则以学文。"

【注解】
谨　行之有常也。
信　言之有实，情之木然。○
泛　广也。

众　谓众生。○
亲　近也。
仁　谓人性美善者。○
行　谓德行，其为学问之发端也。○
余力　犹言暇日。
以　用也。
文　谓诗书六艺之文，其为圣贤之成法。○

【述要】
　　夫子道："为学弟子，在家须明孝道，在外须善兄弟；言行须谨慎，交友须有信；又须广博其仁，泛爱众生；亲仁者，近贤能。如此行持有恒，而力有余闲，则可以学文于君子了。"
　　文虽为圣贤之成法，而圣贤之道莫不以孝悌、忠信、仁爱为出发，亦以孝悌、忠信、仁爱为归旨，即从德性出发，学而求成德性之圆满。故为文之要首在孝悌、忠信、仁爱；无行孝悌、忠信、仁爱者，则不足以为文矣。

（七）
子夏曰："贤贤易色，事父母能竭其力，事君能致其身，与朋友交言而有信。虽曰未学，吾必谓之学矣。"

【注解】
子夏　孔子弟子，姓卜，名商。
贤　尊贤也。○
易　平易也。○
致其身　犹委献其身也。○
信　言之有践也。○

【述要】

　　子夏说:"以好贤之心重妻子之贤能,以平易之心对妻子容色之盛衰,如此尚贤尊德,可以有夫妻之和睦;奉侍父母,能竭其心力,尽其礼容;事君为国,能委致其身,鞠躬尽瘁;交友言而有信,行有终始;如此之人,虽说尚未向学于君子,我亦必言其有学养之具了。"

　　夫子方道德行有余则以学文,子夏即曰德行不亏谓之学矣。盖进德修业乃学问之两端;进德者,明人伦而能忠爱有加,修业者,修文辞但致诚正不移,两者皆以德性为深基,相互发轫而成圣贤之文章。子夏之言,所明夫妇、父子、君臣、朋友四伦之要,是进德之学,实已于夫子之学问有所发明矣。

(八)

子曰:"君子不重则不威,学则不固;主忠信,无友不如己者;过则勿惮改。"

【注解】

重　德性之厚,学理之严,言行之谨也。○
威　不可犯也。○
学　深于德法,会于理则,以求性命之上达,言行之有章也。○
固　坚也。○
无　通毋,禁止辞也。
不如己者　如,从属也。此谓不以忠信如其自有之德者。○
勿　亦禁止之辞。
惮　畏难也。

【述要】

　　夫子道:"君子不能厚于仁德,严于学理,并自重于言行,则不能以严威示人,亦不能学求广厚以增益其重,终于学问不固,轻薄自放了。忠而诚,信而实,人主忠信而能诚实,因而忠信乃为人之根本啊!不能主忠信者,便不能与之为友。如有过失,改不畏难,改过则为无过。"

有过能改则德纯,主忠信则仁厚,学固则智深广,君子有恒此三者,虽不求于厚重,厚重亦自随之矣。

(九)
曾子曰:"慎终追远,民德归厚矣。"

【注解】
慎终 丧尽其礼。
追远 祭尽其诚。
民 人也。〇
德 向仁慕化之心。〇

【述要】
曾子说:"父母之丧,能致哀尽礼,并能怀思父母之慈爱,而审慎以追思,远昔于父母之孝养有无不足?于父母之教诲有无违逆?继而追念先祖,尽祭礼之诚敬,以求无愧于心,无愧于父母之所养,无愧于先祖之遗德;再者,审慎各项制度政令之终始,并能反追远因以补正,以求国事之善成。如此劝教治理之下,民德终能归于淳朴,归于笃厚了。"

慎临丧之礼,追而远怀先人之恩,其人于父母可谓孝矣!慎令终之信,追而远审初心之诚,其人于黎庶可谓仁矣!仁孝之施,若光风之宣被,无物不接也,民德之归厚,承泽仰化而已!

（十）

子禽问于子贡曰："夫子至于是邦也，必闻其政，求之与？抑与之与？"子贡曰："夫子温、良、恭、俭、让以得之。夫子之求之也，其诸异乎人之求之与？"

【注解】

子禽 姓陈，名亢，孔子弟子。
子贡 姓端木，名赐，孔子弟子。
温 天性仁厚而柔润易亲。○
良 平易纯笃而恶意不生。○
恭 礼义修明而和从于众。○
俭 好学乐道而简朴安贫。○
让 贤善通达而无争于人。○
其诸 语辞也。
人 他人也。

【述要】

　　子禽问子贡说："先生每到一邦，皆会了解此邦政事。那此邦之政，是先生主动请问诸侯而得知？抑或诸侯主动以告知先生？"

　　子贡回答："我们先生为人温、良、恭、俭、让，他人皆愿与之交往。先生关心国政民生，非求知晓以充口实，以示交游之广，而是先生有心地之仁爱与济世之情怀，又有广博之学问与治世之良方啊。因此，先生所得知之邦国政事，虽说也是先生主动请问诸侯，但诸侯皆十分愿意以详情实告先生，并以此请教先生。所以，我们先生之所求，自然不同于他人之所求了。"

　　虽然，知弟子者莫若夫子，而知夫子者亦莫若弟子，子贡一言"温、良、恭、俭、让",夫子之渊穆雍和之圣人气象已划然鲜明,此咏叹之言亦以为君子欲臻之境也。

不唯师生之间,二三子间亦有学问之发扬。

(十一)

子曰:"父在观其志,父没观其行。三年无改于父之道,可谓孝矣。"

【注解】
观　考察之。○
志　持恒于美善也。○
三年　可谓久持。○
父之道　齐家之道。○
孝　能守善道。○

【述要】
　　夫子道:"父有教子之功,持家之德;父亲健在,为子不擅作主张,若于父亲之嘉言善行一向有顺从之志,其志则可观了;若父亲离世,为子犹能遵从父亲之德,嘉言善行,其行则可观了;如此而能坚持三年以上者,其盖能绍承家风而远播,则可称孝了。"

　　父道能守,可谓孝矣,而王道之能守,可谓大孝矣。

(十二)

有子曰:"礼之用,和为贵;先王之道斯为美,小大由之。有所不行,知和而和,不以礼节之,亦不可行也。"

【注解】
礼　天道之节文,性命之理则,人伦之仪轨。○

和 相安互益也。○

先王之道 尧、舜、禹、汤、文、武、周公诸先王所行之道也。其为王道，受命自天，托命于民。受命自天，遂有天道允为其德；托命于民，遂使人道允为其责。而其礼乐刑政之四备，所以显其德而塞其责也。其昌礼乐，则生民安和；其明刑政，则生民利乐，终使生民死生无憾，福庆有余也。故先王之道，所以定民心而安天下者也。○

【述要】

有子说："礼之为用，虽以序次万物而区别之，实为调和万物；所以能调和万物，盖因礼之序次而能使万物各得其所，各适其性，各遂其情，终使万物辐辏以奉和，此为礼之妙用；因此'礼之用，和为贵'之原则，在先王之道中最为美善，小大之事皆要遵循于它。有人却于此道有所不通，是因为他一味为和而和，并未能以礼用中而于事有节，故其于此道当然不能通行了。"

礼者，一曰节文，一曰理则，一曰仪轨。天行节文以成道，性准理则以生命，人奉仪轨以显伦。若天道不昭无以宏开万物，性命不洁无以清壮精神，人伦不彰无以广成事务。故礼之用，一于人天而通贯之也。而和之为贵，亦已传《礼》教之津要也。

（十三）

有子曰："信近于义，言可复也。恭近于礼，远耻辱也。因不失其亲，亦可宗也。"

【注解】

信 言不失也。○
义 理之然也，事之宜也。○

复 其诺可践也。○
恭 貌有谦退之色,言有逊让之辞。○
礼 人伦之明也。○
耻辱 违逆于心而令名有损也。○
因 犹依也。
亲 仁爱也。○
宗 向往之。○

【述要】
　　有子说:"能近于义而立信者,则其言可以践诺;能近于礼而恭顺者,则其行可以远耻辱;能亲爱来依者,则亦可使他人向往而归附了!"
　　践诺者必信义之人。而无义者无信,有义者必信,故信义乃近义而立其信者也。其人有耻辱之蒙,往往因其貌有不恭,言有不逊,而所以如此者,盖是疏于礼之明也;礼之既明且恭,则耻辱远矣。至于仁爱之人,何人不能通感其心而宗之也?
　　有子之言已充实于夫子,又有后来贤者之充实,而蔚为孔门学问之大观,今人得观于夫子,多赖前贤传述之功也。贤圣既相与一气,纵或贤者有其不足,亦不可徒尊于圣,而置贤者于短长妄评之中。

(十四)
子曰:"君子食无求饱,居无求安;敏于事而慎于言;就有道而正焉;可谓好学也已。"

【注解】
事 道理所存。○
言 道理以表。○

有道 顺天也；此谓有道者。○
求 志之用也。○

【述要】
　　夫子道："君子食无求饱，居无求安，志无逸泄而充盈；敏于事而力行有功，慎于言而思理密察；体就有道而正己之非。如此而为者，则可以说是好学了。"
　　好学者志道，必就有道而有所正之，其志道既笃，安有求饱求安之多余。而事存道理，言以表之，好学者能不慎敏于其中？

（十五）

子贡曰："贫而无谄，富而无骄，何如？"子曰："可也。未若贫而乐，富而好礼者也。"子贡曰："《诗》云：'如切如磋，如琢如磨。'其斯之谓与？"子曰："赐也，始可与言《诗》已矣！告诸往而知来者。"

【注解】
谄 卑屈也。
骄 矜肆也。
诗 《诗经·卫风·淇澳》之篇。
往者 其所已言者。
来者 其所未言者。

【述要】
　　弟子子贡说："虽贫穷而不谄媚取怜，虽富有而不骄矜示傲，有如此修养则如何呢？"
　　夫子道："不错啊！但若能贫而乐，乐而忘贫，富而好礼，好礼而忘富，则为更好了。"

子贡欣喜说:"我仅言浅近之知,一经夫子提要升华,竟是如此高明而深远啊!《诗经》上言:'如切如磋,如琢如磨。'所言盖是这般学问提升之功夫吧?"

夫子道:"子贡啊!你善于总结啊!看来可与你言《诗》了。所谓《诗》之学问即在于,如有心得体会,或得他人善言,皆可藉《诗》之意趣,而有理境之新推啊!"

释疑而有演义,解惑即为传道,问答间已见精神之流布。君子之学问往往由此,而道义之宣扬亦可以由此。

(十六)

子曰:"不患人之不己知,患不知人也。"

【注解】

人　天道之能言且行之者也。○

【述要】

夫子道:"人乃天地之代言,故其能极言天道,并能依此奉行而成仁成善。他人知我与否,皆不碍我藉天德以修人德,奉天道以行人道。故不患他人之不知我,所患者在我不知人之所以为人,人之所以为贵,不知向学以成人、以成君子啊!"

为政篇

为政第二

凡二十四章

(一)
子曰:"为政以德,譬如北辰,居其所而众星共之。"

【注解】
政　有惠之实也。○
德　有仁之实也。○
北辰　北极,天之枢也。
居其所　不动也。
共　向也。

【述要】
　　夫子道:"北辰居北极而不动,虽众星布列,无不以北辰为中枢,归向旋绕而环拱,遂有天道之恒流,而成天象之昭明啊!为政者尚德言而美仁,尚德行而盛义,其以德举贤,从而群贤慕向,其以德使民,从而人民向化。故为政以德,一如北辰,虽居中不动,而人道昌永啊!"
　　人之本性曰仁,故仁政以施,则众心感通而有群伦之和动,群伦和动,则政自可为也;反之,则政无可治也。
　　虽怀仁心,而无德法,则徒善不足以为政也。故夫子所谓以德,一者以仁心,一者以德法也。

(二)
子曰:"《诗》三百,一言以蔽之,曰:'思无邪。'"

【注解】

诗　春秋时诗集，后称《诗经》。○
三百　举大数也。
蔽　犹盖也，概括也。○
思无邪　《诗经·鲁颂·駉》篇之辞。

【述要】

夫子道："《诗经》分风、雅、颂三部。'风'为国风，有十五国风，计一百六十篇；'雅'有小雅、大雅，计一百十一篇，其中有六首笙诗，有声而无辞；'颂'分周颂、鲁颂、商颂，计四十篇。三部合三百十一篇。

'风'为风气风尚，'雅'是为政有治，'颂'乃歌颂盛德。

周道初兴，分封诸侯，当时君上知命崇仁，臣下为礼尽知，是所谓礼乐鲜明、天下大治。各国民风朴质，谆谆循礼，向化归仁，则多赞美之言而蔚成国风，风可以感人善心而向正。

而政之治也，具体在人力之施，其为彝伦政事之美善，细微在天道之应，其为性命道德之贞正，而天道之于人力岂不为大？故于燕飨朝会之乐，乐中就彝伦政事之美善而歌者是为小雅；就性命道德之贞正而歌者则为大雅。雅辞虽敷，其中犹有戒词之陈，是以雅分小大，其感善人心则一。

其后周道渐衰，礼乐崩坏，政教阙失，诸侯离心，臣民怨苦，以至国风有变，雅正有变，是所谓变风、变雅；则诗多哀婉之言以诉人情异旧、人生疾苦，以伤离乡去里、家国变故；复多讽刺之言以臧否人物、批评政治。然臣民虽多怨苦，又具讽刺，有赖先王遗泽，犹能发乎情、止于礼。诗中遂呈温厚之情，冀闻者惊心动容，而有逸志之惩创，复使善政重新。

至于颂言，是政成治定之后作，需歌于宗庙，献于神明，唯恭敬笃诚，方能正合天心，感格神思。

因此岂不可言，《诗》三百，无不运思无邪，而欲使人心归正，使治者政心归正啊！"

诗教既居为政之首要，故为夫子所推重。

曰思无邪，《诗》教之旨不惟此乎？

（三）

子曰："道之以政，齐之以刑，民免而无耻；道之以德，齐之以礼，有耻且格。"

【注解】

道　音导。犹引导，谓先之也。
政　谓法制禁令也。
齐　整治也。○
刑　禁奸也。○
耻　从恶不止。○
德　就王道而行仁也。○
礼　谓理文品节也。○
耻　从善不及。○
格　去其非心而归正也。○

【述要】

夫子道："以政令之严予以导正，以刑罚之威予以整肃，此不能感人心之善，百姓虽惧严威之加，不敢犯之以求苟免，却无有违令犯法之耻，故铤而走险者常常有之；以宽量之德予以引导，以弘中之礼予以规范，此可以感人心之善，百姓则有过失之耻而能自正其心，故相互劝善者常常有之。"

道之不同，齐之以异，民自取向分殊，其间有政治优劣之辨也。而政刑之用亦不可废也，其于德礼一时之未及，尚有补益焉。

（四）

子曰："吾十有五而志于学；三十而立；四十而不惑；五十而知天命；六十而耳顺；七十而从心所欲，不踰矩。"

【注解】
有　通又。○
不惑　无所疑也。○
知　人天之通也。○
天命　道德仁义非人为所设，乃天道之所命赋也；诚敬忠恕非人力所专，乃天德之所命赋也。故道德所在即天之所在，道德于人本自具足。○
耳顺　所闻皆通也。○
心　天道之渊薮，性理之阃奥，仁爱之泉源。○
矩　法度之器，所以为方者也。

【述要】

夫子道："凡欲为君子者，十五岁时血气初成，智识待开，当知先王之道最为珍贵，慕而向学最为高尚，平生不作他志，唯志于先王之道，学而充实以大。

至三十岁时，当于经籍无所不披，制度无所不熟，六艺无所不精，鄙事无所不通，可以安老怀幼而持家，可以束带受命而立朝。

至四十岁时，当知礼有其所必然，法有其所必然，事有其所必然。一事即有一理，能彼此互通，一以贯之。知世之所行，必为仁义礼智，人之当知，必为仁义礼智，体仁顺道，用弘光大，已然无惑于心。

至五十岁时，自然道交感应，知天道有常，天命显允，人道无不往合于天道，所以平心笃定，天申自若。

至六十岁，可以知正反相合之机，阴阳变化之妙。无声不可入耳，无事不可应怀，坦然心迹，合于神明。

至七十岁，人心、天心无有分合，已然登于造化，从心所欲，其言其行不逾规矩，心之所欲，表以言行，皆为天下之规矩。"

夫子虽言之在己，实与天下君子共勉之！

（五）

孟懿子问孝。子曰："无违。"樊迟御，子告之曰："孟孙问孝于我，我对曰'无违'。"樊迟曰："何谓也?"子曰："生，事之以礼；死，葬之以礼，祭之以礼。"

【注解】
孟懿子 鲁大夫仲孙氏，名何忌。
孝 事亲能发乎爱，从于礼也。○
无违 顺从也。○
樊迟 孔子弟子，名须。
御 驾车也。○
孟孙 即仲孙也。

【述要】
　　孟懿子问如何是孝？
　　夫子道："无违。"
　　一日，弟子樊迟驾车，夫子告诉之："孟孙问孝，我说：'无违。'"樊迟不明而问如何理解？
　　夫子道："父母在世时，以礼奉侍，无违于父母之意；

父母离世之后,以礼葬之,以礼祭祀,无违于内心之哀啊。"

无违于父母之意,无违于内心之哀,是皆无违于孝子之孝心也。

(六)
孟武伯问孝。子曰:"父母唯其疾之忧。"

【注解】
武伯 孟懿子之子,名彘。○
孝 父母之乐于其子之养也。○
疾 忧虑也。○

【述要】
孟武伯问如何是孝?

夫子道:"善为父母者,其所忧虑在其子平安、孝悌、忠信、好学之与否。故为人子者,唯其能以父母之忧为忧。但自仁义不害而身体无毁,敬养父母而应用无亏,与兄弟相亲而悌义可述,与朋友相信而忠良可言,又能学从贤圣,专于志业。如此为人子者,则可称之为孝了。"

夫子之言或亦可谓,忧父母所忧、分父母之忧者为孝也。

(七)
子游问孝。子曰:"今之孝者,是谓能养。至于犬马,皆能有养。不敬,何以别乎?"

【注解】
子游 孔子弟子,姓言,名偃。
孝 事亲敬养之有功也。○

养 谓饮食供奉也。

【述要】

弟子子游问孝?

夫子道:"如今之人以为父母衣食足备而有厚养,则为孝了。至于犬、马之类,皆有饲养,若无恭敬之心以待父母,二者又如何作分别呢?"

爱之有敬,方为孝亲,爱之无敬,则成宠物。

(八)

子夏问孝。子曰:"色难。有事,弟子服其劳;有酒食,先生馔。曾是以为孝乎?"

【注解】

孝 事亲而心有所悦也。○
色难 谓事亲之际,惟色为难也。
食 音嗣,饭也。
先生 父兄也。
馔 饮食之也。
曾 竟也,乃也。○

【述要】

弟子子夏请问孝道。

夫子道:"侍奉父母,能终日以和颜,长年以悦色,这便难了。至于家中有事,弟子虽也能服侍效劳,有酒有食,长者先用,有人竟然于此便以为孝了。若无亲切之言、温和之色,这可以吗?"

亲切之言、温和之色,唯从爱之深切,礼之周详也。

（九）
子曰："吾与回言终日，不违如愚。退而省其私，亦足以发。回也不愚。"

【注解】
回　孔子弟子，姓颜，字子渊。
愚　迟而不敏。○
私　谓燕居独处，非进见请问之时。
发　谓发明所言之理。

【述要】
　　夫子道："我与颜回终日言学，颜回从无意见相背，亦无问难，好似愚人。待颜回退下，我省察其私下言行，却足以发挥学问之道了，我亦颇受启发。颜回真的不愚笨啊。"
　　夫子之道善，何能违之？颜子之既契，违之何益？
　　不深信，何能如愚？不会通，何足以发？
　　不违如愚，智者觉悟之状也。

（十）
子曰："视其所以，观其所由，察其所安。人焉廋哉！人焉廋哉！"

【注解】
以　为也。
由　从也。
安　所乐也。
焉　何也。
廋　匿也。

【述要】

　　夫子道:"其人之所以欲为者,或为义?或为利?其人所为者,是善?是恶?需加审视;其人行事所由之径,或由君子之道?或由小人之道?需加细观;其人所安在其素位,所乐在道?或其人所安在得,所乐在取?需加详察;那其人善恶、美丑、高下便一目了然,其人如何能隐匿其私呢?又如何能隐匿啊?"

　　夫子之学,是知人之学也。

(十一)

子曰:"温故而知新,可以为师矣。"

【注解】

温　复习故学,推绎新思。○
故　故旧,旧闻。○
新　今所得。

【述要】

　　夫子道:"史籍旧故虽自为旧,乃先圣先贤之所遗,不以时迁而废其道。故道无新旧,习之为新。虽习之犹不足,又能时时取而温之,体道推新。能为如此者,则可以传道而为人师了。"

　　不能习故而知其为新,何以知王道之美而传之?不能温故而推之出新,何以启弟子之智而授之?

(十二)

子曰:"君子不器。"

【注解】

器　具体才能之用。○

为政篇——为政第二　　27

【述要】

　　夫子道:"夫人虽有器用之具体,而君子不以具体为局限,乐道好学之不止是其终生之求。再者,器为一技一能之用,各有不同,而道为万事万物之本,总为一道。道可以散之以为百用,其用无所不周,而器不能通之以为他用,其用但为专一。因此君子不求为器使,但求为道用。"

(十三)
子贡问君子。子曰:"先行,其言而后从之。"

【注解】

行　志气之表。○
言　心德之使。○

【述要】

　　弟子子贡问如何是君子?
　　夫子道:"你如能在勉力先行之后而言,且能言从行实,未有言过其实,或言之不达,这便可以为君子了。"
　　言露心德,行表志气,言行不唯祸福成败所系,亦为君子名称所系也!

(十四)
子曰:"君子周而不比,小人比而不周。"

【注解】

周　普遍也。
比　偏党也。

【述要】
　　夫子道:"君子为道,总有道心相应之求,相应之求,自然周洽团结,从公亲众;小人为利,总有利得不足之诉,不足之诉,自然比附勾结,叛亲离众。"

(十五)
子曰:"学而不思则罔,思而不学则殆。"

【注解】
罔　昏也。○
殆　危也。○

【述要】
　　夫子道:"学知以往,不思则不能辨辞析义而深入,不能深入则不能知道之本末而得道之全体,因此学而不思则罔而困惑;无学于先圣先贤,则于道岸之高峻,于德貌之深广,其独思何以能至?久而不通便殆而不安了。"

(十六)
子曰:"攻乎异端,斯害也已。"

【注解】
攻　专工也。○
异端　非圣人之道,而别为一端。

【述要】
　　夫子道:"天下之至情至理在中道,中道顺人情而成人伦,遂物理而成事业。若不从中道而专攻两端,终为物理之偏者,亦为人情之乖者,于人伦事业之成则有害了。"

谋乎中道，其利也焉。

（十七）
子曰："由，诲女知之乎？知之为知之，不知为不知，是知也。"

【注解】
由　孔子弟子，姓仲，字子路。
女　音汝。

【述要】
　　夫子道："仲由呀，我所授之学问，你皆能知晓吗？知便是知，不知便是不知，能知己不知而后学，如何能不知呢？若强己不知为知，更自不学，又如何能知呢？此乃求知之道啊！"
　　能自知其知，自知其不知，是自知之明也。有自知之明，亦为智也。

（十八）
子张学干禄。子曰："多闻阙疑，慎言其余，则寡尤；多见阙殆，慎行其余，则寡悔。言寡尤，行寡悔，禄在其中矣。"

【注解】
子张　孔子弟子，姓颛孙，名师。
干　求也。
禄　仕者之奉也。
阙　缺也。○
殆　事危而难行。○

尤　罪自外至者也。
悔　理自内出者也。

【述要】
　　弟子子张要学干求爵禄之道。
　　夫子道："多闻多问，疑惑之处阙而不言，其无疑之处也要言之谨慎，则能减少过失；多见多思，未妥之处阙而不行，其安妥之处也要行之谨慎，则能减少悔吝。言而少过，行而寡悔，干禄之道便在其中了。"
　　言而寡过，行而少悔，其不为君子之修养乎？故君子之修养，即为干禄之道也。

（十九）
哀公问曰："何为则民服？"孔子对曰："举直错诸枉，则民服；举枉错诸直，则民不服。"

【注解】
哀公　鲁君，名蒋。
直　正道也。○
错　舍置也。
诸　之于。○
枉　邪曲也。○
服　同情而向顺也。○

【述要】
　　鲁哀公请教夫子："如何行政而让百姓信服呢？"
　　夫子道："举用直身奉法之贤取代枉法徇私之徒，百姓便能信服；而举枉错直，百姓便不能信服。"
　　人心慕直向仁，本乎人性之善端，其所由来者天也。而天道行健，直而不枉，惠而无劳，其为万物之大宗。故秉直施惠者在上，百姓自然顺性而向服了。

（二十）
季康子问："使民敬、忠、以劝，如之何？"子曰："临之以庄，则敬；孝慈，则忠；举善而教不能，则劝。"

【注解】
季康子 鲁大夫季孙氏，名肥。
劝 使之为善也。○
临 居上视下也。○
庄 谓容貌端严也。

【述要】
　　季康子请教夫子："如何让百姓敬于上，忠于国，而听劝以向善呢？"
　　夫子道："在上者临百姓以庄谨恭敬，百姓便能敬上；在上者自行孝道，博施慈爱，百姓便能忠国；在上者举贤善之人以教不足之人，那么百姓便能劝化而从善了。"
　　何以使民？夫子之所举，莫不是治者德性自修之法，无涉其他手段。故使民之要，唯求诸己而后得之也。

（二十一）
或谓孔子曰："子奚不为政？"子曰："《书》云：'孝乎惟孝，友于兄弟，施于有政。'是亦为政，奚其为为政？"

【注解】
政 人伦风俗之和美也。○
书 《尚书》也，上记先王之言。○

友　善兄弟。

【述要】

　　有人对夫子说:"夫子你为何不为官从政呢?"

　　夫子道:"《尚书·周书·君陈》篇上言:'孝啊!是孝爱父母,友爱兄弟,又将孝之风气施延而影响至邦国之治理,此则为真正之孝啊!'此虽为一家之政,此亦为为政啊!为何须为官方为从政呢?"

　　夫子疏通孝义,已知远于为政;而疏通知远乃《书》教之方也,夫子略一施为已透此关键。

(二十二)

子曰:"人而无信,不知其可也。大车无輗,小车无軏,其何以行之哉?"

【注解】

信　相互投诚而有人群之维系。○

大车　谓平地任载之车。

輗　辕端横木,缚軛以驾牛者。

小车　谓田车、兵车、乘车。

軏　音月。辕端上曲,钩衡以驾马者。

【述要】

　　夫子道:"为人而无诚信,真不知其可以何为!如同重载之大车,无輗则何以缚车軛,又如何能驾牛而行呢?而轻驶之小车,无軏则何以钩车衡,又如何能驾马而驰呢?"

　　无信何以牢固人情,和动群伦?

（二十三）

子张问："十世可知也？"子曰："殷因于夏礼，所损益，可知也；周因于殷礼，所损益，可知也；其或继周者，虽百世可知也。"

【注解】
损益 文章制度之增减。○

【述要】
　　弟子子张问："十世之后，天下之大事可以豫先而知吗？"
　　夫子道："殷代承袭夏代之礼乐制度，其内容有所增减，此可以为我们所了解；周代承袭殷代之礼乐制度，其内容亦有所增减，可为我们所了解。我们既然知道三代之礼乐制度因循相依不断，所变化者，不过是内容之增减，则不难发现，夏、商、周三代之昌盛，正是遵循先王之礼乐制度，崇尚君君、臣臣、父父、子子之人伦大道，讲求仁、义、礼、智、信之君子之德，辅之以刑法呀！而夏桀、商纣之所以灭亡，则是弃先王制度而不尊；周代至今之所以衰落，亦是诸侯背先王制度而自行。如此以往，天下岂能有幸呢？将来或许有继周而起之朝代，而其兴亡之由，亦可以从其是否尊行先王之道便可知晓了。因此，何止十世呀！虽百世而后，天下之事皆可由先王之道而可断知啊！"

（二十四）

子曰："非其鬼而祭之，谄也。见义不为，无勇也。"

【注解】
鬼 谓先人。○

谄 求媚也。
义 当仁之事。○
勇 果决于义也。○

【述要】
　　夫子道："不应祭祀之鬼神，虽需敬之，而无需祭之；若予祭之，便是失礼谄媚之为。见仁义之所在而无所作为，便是无勇怯懦之人。不循礼，不尚义，难免不为小人了。"
　　舍其鬼而不祭，其为仁乎？祭非其鬼，谄也，失仁也，亦非义也。而非义之为，其为勇乎？只祭鬼一事，即可论人勇义，何必临危而后可以论之。勇义之殖，方始于仁德之修也。

八佾篇

八佾第三
凡二十六章

（一）
孔子谓季氏："八佾舞于庭，是可忍也，孰不可忍也？"

【注解】
季氏　鲁大夫季孙氏也。
佾　音逸。舞列也；天子八，诸侯六，大夫四，士二。
忍　不念人情，不顾人伦，以至于违仁弃义也。○

【述要】
　　夫子谈到权臣季氏，疾首道："八佾之舞，唯天子可以用，而季氏却用于自家庭中，如此不顾上下之礼、僭越礼制之事，其能忍心而为之，那还有什么其不可以忍心而为之呢？"
　　礼乃人情之通则，人伦之常道。忍心而不念人情，不顾人伦，其心之不仁不义可见也。

（二）
三家者以《雍》彻。子曰："'相维辟公，天子穆穆'，奚取于三家之堂？"

【注解】
三家　鲁大夫孟孙、叔孙、季孙之家也。
雍　《诗经·周颂·雍》之篇。○
彻　祭毕而收其俎也。
相　助也。

辟公　诸侯也。
穆穆　深远之象。〇

【述要】
　　孟孙、叔孙、季孙三家大夫,各自举行家祭以祭祖,祭毕而撤馔时,竟以《诗经·周颂》之《雍》诗为歌唱。
　　夫子痛心道:"《雍》诗所唱:'四方诸侯相助,天子神情穆穆。'此乃天子于宗庙祭祀之场景呀!如何能取用于三家大夫之堂呢?"
　　僭越将为鲁国大祸,从三家举乐已可知矣!夫子不禁痛心。

(三)

子曰:"人而不仁,如礼何?人而不仁,如乐何?"

【注解】
仁　自爱而爱人,自爱而爱物也。〇
乐　谐其差异而终为和声。〇

【述要】
　　夫子不无忧虑道:"礼以分别,以序次人伦,乐有和用,以化成人文;而人之大要在仁,无仁不足以感仁通情而合为人群,礼又如何以序次?无以序次,乐又如何以和用呢?无以序次,又无和用,终无人伦之美,亦无人文之化成了。因此而言,人而不仁,礼如何为用?人而不仁,乐又如何为用呢?"
　　人而不仁,则礼乐无着,礼乐无着,则天下亦无着也。

(四)

林放问礼之本。子曰:"大哉问!礼,与其奢也,宁俭。

丧，与其易也，宁戚。"

【注解】
林放　鲁人。
礼　仪则之文，仁情之表也。○
大　切要也。○
易　平易也。○

【述要】
　　林放问何为礼之根本？
　　夫子道："你之所问大啊！不妨简要以答。人之为礼，与其竞奢极侈，宁为节俭。如临丧礼，与其内心平易不哀，不如心有哀痛啊！"
　　周礼繁条细则，所谓礼仪三百，威仪三千，而林放不问其具体，但涉其本，其问不可谓小矣！而礼虽繁细，其本仁情而制，故礼之为用，唯表仁情而已。若为礼不俭，临丧不戚，则掩仁情而不彰也！故宁俭宁戚，不亦礼用之本乎？

（五）
子曰："夷狄之有君，不如诸夏之亡也。"

【注解】
夷狄　东方部族为夷，北方部族为狄。○
诸夏　周室分封之诸侯之国。○

【述要】
　　夫子道："夷狄虽有君，而无先王之礼乐，有赖夷狄，何以兴先王之礼乐？周天子虽名存实亡，诸侯各自为政，尚有礼乐制度在，有赖诸侯，方能重兴先王之礼乐。因此而言，夷狄之有君，不如诸夏之无君啊！"

（六）

季氏旅于泰山。子谓冉有曰："女弗能救与？"对曰："不能。"子曰："呜呼！曾谓泰山不如林放乎？"

【注解】
旅　祭山之名。○
泰山　山名，在鲁地。
冉有　孔子弟子，名求，时为季氏宰。
女　音汝。
救　谓救其陷于僭窃之罪。
呜呼　叹辞。

【述要】
　　季康子要往泰山祭山，而祭祀鲁国封内名山唯天子或鲁国国君有此资格，此乃季氏失礼。
　　夫子闻知后，对弟子冉求道："你为家臣，不能救季氏之失吗？"
　　冉求言其无能为力。
　　夫子责备道："唉！季氏竟以为泰山之神不如林放吗？小民林放尚且知礼，泰山之神更应知礼了。若季氏知晓泰山之神知礼，那泰山之神便只会接受天子或鲁君合礼之祭祀，如何会接受其非礼之祭祀呢？"
　　礼乃天人之同理，人神之通情也。

（七）

子曰："君子无所争，必也射乎！揖让而升、下，而饮。其争也君子。"

【注解】

揖让 拱手作揖以让,乃宾主相见之礼。○

【述要】

　　夫子道:"君子不与人争。若说君子也有所争,那只有射礼之争胜了。射礼开始,君子相互揖让而升堂,射毕,相互揖让而下堂,后相互揖让又重新升堂,由胜方敬负方酒。因此君子虽有所争,也是君子之争啊!"

　　君子所争,必有礼让而合德,而小人之争,必为利分而失仁。

(八)

子夏问曰:"'巧笑倩兮,美目盼兮,素以为绚兮。'何谓也?"子曰:"绘事后素。"曰:"礼后乎?"子曰:"起予者商也,始可与言《诗》已矣。"

【注解】

盼 目黑白分也。
素 素地,素底,画之质也。○
绚 采色,画之饰也。
绘事 绘画之事也。
后素 后于素也。
起 犹发也。

【述要】

　　弟子子夏问:"'巧笑倩呀,美目盼呀,其人素颜因此而绚丽啊!'这逸诗不知何意?"

　　夫子道:"有素底而后有绘画之事。美人素颜无施,稍加巧笑与美目流盼,便粲然生姿了。"

子夏欣然神会:"礼之为美,亦因其仁心素有,后加礼饰便有礼容之美了。"

夫子赞叹道:"启发我者,卜商啊!可以与你言《诗》了!"

诗之所以为美善,以其顺万物之生意而发言,体万物之生意而成章。盖万物因其生意而显风貌之多姿,此欣欣生意与风貌,即为美;而万物之生意助成万物,故此生意亦为善。美或有形态之不同,而善则一以贯之,其为万物之生意,亦为万事之义理,可参赞于人伦纲常。由美而见善,由善而推及其余,间有次第。子夏能推而初显颖悟,夫子遂可与之深言诗旨。因材之教,因时之教,夫子有以!夫子一以贯之,自不必疑,然夫子不以师位之尊,而言启发于子夏,已见风生问答,轻推教学于深远,广增学问于博厚矣!

(九)

子曰:"夏礼,吾能言之,杞不足征也;殷礼,吾能言之,宋不足征也;文献不足故也。足,则吾能征之矣。"

【注解】

礼 宪法国典,制度政令之总称。○

杞 夏之后。

宋 殷之后。

征 证也。

文献 典籍与熟悉典籍之贤者。盖二者皆能献文也。○

【述要】

夫子遗憾道:"我本可以讲授夏礼、殷礼,可惜作为夏代后裔封国之杞国没落了,在朝在野已难以见有夏礼之遗存,这便不足以征信夏代之礼制;作为殷代后裔封国之宋国也没落了，情形与杞国同。而杞、宋二国之所以不知夏礼、殷礼，亦因所存典籍不足，此类学者不备之故；若能充足，我便可以征信而讲学啊！"

礼，谓制度法令，乃先王治国理政之具体，亦为圣人德法之具体，故为夫子所重。而夫子征信有据而言必从实，何曾妄言也？

（十）

子曰："禘自既灌而往者，吾不欲观之矣。"

【注解】

禘　王者之大祭也。王者既立始祖之庙，又推始祖所自出之帝，祀之于始祖之庙，而以始祖配之也。
灌　方祭之始，用郁鬯之酒灌地，以降神也。
观　谛视而有盛容之享，彝则之得也。○

【述要】

　　夫子慨然道："鲁国于宗庙所行合祭祖先之禘祭之礼，始以圭瓒之勺酌取郁鬯之酒，灌洒在地以迎神，之后我便不欲再观之了！"

　　盖因既灌之后，须按左昭右穆之顺序以分祭祖先，而循常理，闵公先为君，应在左昭之位，僖公后为君，应在右穆之位。而今文公因僖公为其父亲，遂将僖公之位置于左昭，而将闵公之位置于右穆，如此逆祀之礼，夫子如何忍心以观之？

（十一）

或问"禘"之说。子曰："不知也。知其说者之于天下也，其如示诸斯乎！"指其掌。

【注解】

示诸 以物示人也。示与视同。○
斯 代指掌。○

【述要】

　　有人听闻夫子不欲观礼禘祭，不知夫子为何？便请教夫子禘祭之义。
　　夫子为避鲁君之讳，不好说明原委，便回答说："禘祭之义我亦不知。"不过，夫子却道："若能知晓其中之义，那于天下治理，则如示人以掌，何其容易！"夫子说罢，指其掌。
　　禘祭乃王者之大祭，礼制谨严，可以为天下定。若为君不守昭穆之礼，在下必有效之而僭礼犯上者，则天下岂有安宁之日？夫子又岂能不明？夫子虽未言禘祭之义，却已示其重要！

（十二）

祭如在，祭神如神在。子曰："吾不与祭，如不祭。"

【注解】

祭 修诚以感通神明，以求合于天之道也。○
神 内神、外神。一族之祖先，内神也，由宗庙之内祭之；而天下一国之神，外神也，由郊、社、封禅等以祭之。○
与 与神也。○

【述要】

　　祭如在，祭祀神明，便如同神在一般。
　　因而夫子道："我若不与神同在而为祭，那祭祀便如不曾祭祀了。"
　　祭不诚，则神不至，神不至，则人何能与之也？

（十三）

王孙贾问曰："'与其媚于奥，宁媚于灶。'何谓也？"
子曰："不然。获罪于天，无所祷也。"

【注解】
王孙贾　卫大夫。
媚　亲顺也。
奥　室西南隅，乃一家常尊之处。○
灶　为执爨炊事之所。○
天　情理之所在。○

【述要】
　　王孙贾请教夫子："与其取媚奥神，宁可取媚灶神，这是何意呢？"
　　夫子道："非为如此。奥、灶皆天之神也，得罪奥神必获罪于天，若获罪于天，那灶神亦无可祈祷了。且祭神何能以媚？应当以礼啊！因此，为礼者，当礼敬诸神，一无差别。若能礼敬一神，必能礼敬诸神啊！"
　　天人同情，人天一理。故天乃情理之所在，又为礼法之所由出也。不通情理，不循礼法，必获罪于天也。获罪于天，诸神无所祷，福禄亦无所祷也。

（十四）

子曰："周监于二代，郁郁乎文哉！吾从周。"

【注解】
监　盛水于盆以照己形；借鉴也。○
二代　夏商也。

郁郁 文盛貌。

文 礼、乐、刑、政之不缺，而王道备矣。○

【述要】

夫子道："文王承光祖业，绍尧、舜、禹、汤之德，推行王化之道，能以六州之众而无犯上之心，以致天下贤者毕至，耕夫随化而有推让；武王又承文王之德，贤者各得其所，终能伐纣而正义声，封邦建国而宏开天下气象；待周公摄政，借鉴二代之礼乐，损益而重制，从此有王政制度之发端。道德之蕴，仁义之施，礼乐之推行，刑法之辅助，政令之畅通，而使有周以来人伦辑熙，人事昌盛，真可谓文章郁郁，光华灿烂，我当尊而从周啊！"

于是可以知夫子之从周，是从先王之道德，从先王之仁义，从先王之王政制度，并欲以此为不易之道统，传诸万世。

周之王畿，后世中央之地；周之分封，后世区域之治也。周之制礼，百官有秩，黎庶谨伦；周之作乐，上下和序，朝野同声；礼乐之用，后世无非损益，未尝有缺。至于后世有刑法之制，政令之施，则周之刑政制度不亦为滥觞乎？故后世莫不从周也。夫子之从周，虽值周衰，其衰是人事之非也，而周道继踵前王，其命维新，不以时迁而易其命，不以物非而变其新，故周道未尝旧也，夫子之从周是从周道也，非从其人事也，而后世之从周亦从周道也。言夫子因循守旧者，其人于周道未尝有知也。

（十五）

子入大庙，每事问。或曰："孰谓邹人之子知礼乎？入大庙，每事问。"子闻之，曰："是礼也。"

【注解】

大庙 大，音泰；鲁周公庙。
邹 鲁邑名。

【述要】

夫子凡入太庙以助祭，每事皆请教于人。

有人便说："谁言邹邑大夫叔梁纥之子知礼呢？入太庙，每事皆问。"

夫子闻后道："恭敬而问，是为礼。虽然我也知晓太庙祭祀之礼，而临事多问，可以避免过失，此亦为礼。何况，太庙乃礼法之地，亦礼法问学之地，来者问礼当多蒙勉励啊！"

礼者，非止于知，当细于事也。

（十六）

子曰："射不主皮，为力不同科，古之道也。"

【注解】

皮 革也，布侯而栖革于其中以为的，所谓鹄也。
主皮 善射中的也。○
科 等也。

【述要】

夫子道："射礼以养君子五德。一是礼敬，二是庄容，三是中的，四是谦让，五是奋发，可知中的善射仅是其中一德。射礼之举行，不能徒求中的善射，因人之力量各有不同，难免失的，而应五德并举，古代射礼所含之道，当如是吧！"

（十七）

子贡欲去告朔之饩羊。子曰："赐也，尔爱其羊，我爱

其礼。"

【注解】
饩　生牲也。
爱　犹惜也。

【述要】
　　古代历书由天子颁布，各国诸侯敬受以藏之祖庙，每月初一均以饩羊为献，祭于祖庙，而后方能请历书而布告国人，这是"告朔之礼"。鲁国自文公始便不去祖庙告朔了，而庙中有司仍于每月初一祭献饩羊一只，子贡因此欲去饩羊而不用。
　　夫子道："子贡啊，你爱其羊，而我爱其礼啊。'告朔之礼'乃诸侯之礼，告朔在，则天下在，告朔亡，则天下亡。你是爱羊，还是爱天下呢？"
　　君子当存其大者，不因些小而失其大也。

（十八）
子曰："事君尽礼，人以为谄也。"

【注解】
礼　君臣之所以近，而有王道之能施。○

【述要】
　　夫子道："奉事君上，尽其忠心，亦须尽其礼诚。而不知礼者，却以为事君尽礼是取媚于君呢。"
　　为臣所职唯在王道能施，而王道之施，无君臣之礼其何能！

（十九）
定公问："君使臣，臣事君，如之何？"孔子对曰："君使臣以礼，臣事君以忠。"

【注解】
定公　鲁君，名宋。
礼　上下之所以能亲，而无政治之藩篱。○
忠　贤能之所以能尽，而有王道之勋业。○

【述要】
　　鲁定公请教夫子："君使令臣，臣奉事君，如何才能各得其位，各尽其职呢？"
　　夫子道："君有礼下之德，故其使臣须尽其礼。臣有忠上之义，故其事君须尽其忠啊！"
　　君尽礼而为君，臣尽忠而为臣。唯君能尽其礼，方有臣之尽忠；唯臣能尽其忠，方显君之有礼。故君臣之会，方有为政之可言。

（二十）
子曰："《关雎》，乐而不淫，哀而不伤。"

【注解】
关雎　《诗经·周南·国风》之首篇也。
淫　乐之过而失其正者也。
伤　哀之过而害于和者也。

【述要】
　　夫子道："河洲雎鸠，其关关之啼，声开天地和瑞之象，又启男女天合之德。是所谓'关关雎鸠，在河之洲。窈窕淑女，君子好逑'。《诗》之《关雎》，歌咏君子乐淑女之美善。其意切切，其情纯纯，虽为仰慕，岂容丝毫淫意？其明君子性情之正！求之不得，辗转反侧，欲交之以琴瑟，悦之以钟鼓。君子虽为哀愁，而其礼容未减，乐志高存，其明君子礼乐之正！《关雎》冠《诗经》之首，辞约义富，不唯国风之正，亦为天下之正啊！"

（二十一）
哀公问社于宰我。宰我对曰："夏后氏以松，殷人以柏，周人以栗，曰：'使民战栗。'"子闻之曰："成事不说，遂事不谏，既往不咎。"

【注解】
社 二五家为社，各树其土所宜之木，以为祭祀地祇之所。○
宰我 孔子弟子，名予。
战栗 恐惧貌。
遂事 既行之事。○

【述要】
　　哀公请教夫子门弟子宰我，于国社之前宜种何木？
　　宰我回答说："夏后氏以松树，殷人、商人以柏树，而周人以栗树。此因松有惊悚之意，柏有促迫之意，栗有战栗之意，皆欲使百姓恐而生惧。"
　　夫子听闻之后对宰我道："社前立木是为祭祀一方土地之神，以求一方之福。此亦合礼之为，你非不知，却为何要曲解其意呢？唉！你之所说既成事实，则无需再行解释了；你既已言之于哀公，亦不必再行劝谏了；至于你之过失，事既已往，我亦不欲再行追咎，你当自省吧？"

成事既成，善则善矣，不善而欲说，多曲辩而寡诚；遂事不再，虽复谏之，何能救其失？而既往者，虽复咎之，亦何能补于当时？然宰我之过焉能不责？原来夫子所言不责正因其有可责之处。闻者能无自省乎！此不责而责之间有夫子之中和之气焉。而如何救正宰我，其中涉乎是非利害，为臣谏正之义，君子之内省之德，夫子只寥寥三言已透此重要，而言之三不即已道断，决无婴物之累。夫子之爽利果决，一应其心思之皎洁灵明，其心之应物如此，学者能无思齐！

（二十二）

子曰："管仲之器小哉！"或曰："管仲俭乎？"曰："管氏有三归，官事不摄，焉得俭？""然则管仲知礼乎？"曰："邦君树塞门，管氏亦树塞门。邦君为两君之好，有反坫，管氏亦有反坫。管氏而知礼，孰不知礼？"

【注解】

管仲 齐大夫，名夷吾，相桓公霸诸侯。
三 三成也。○
归 市租田税归于国有者。○
树 屏。
塞 犹蔽也。
好 谓好会。
坫 在两楹之间，献酬饮毕，则反爵于其上。

【述要】

夫子评价管仲道："齐相管仲以雄才大略助成桓公霸业，而其所以能霸，是以'尊周攘夷'之名，挟天子以伐不服。而管仲最终不过成一国之霸，未能行尊周之实，辅正先王之业。以王道而论,管仲虽有功烈,器度不免小吧?"

便有人请教夫子:"管仲节俭吗?"

夫子道:"市租田税应归于国有,而其中三成却由桓公赐予管仲。且管仲居官行事从不摄身行俭,却喜竞奢华。这如何能说管仲节俭呢?"

又问:"管仲知礼吗?"

夫子道:"邦君树立塞门以区别内外,管氏也树有塞门;邦君为两君交好,设有反置空杯之反坫,管氏亦有反坫。若说管氏知礼,则谁又不知礼呢?"

管仲为官不俭,于礼不尊,又如何能救王道于将溺也?

(二十三)

子语鲁大师乐,曰:"乐,其可知也。始作,翕如也;从之,纯如也,皦如也,绎如也,以成。"

【注解】

大　音泰。
语　告也。
大师　乐官名。
翕　合也。
从　放也。
纯　和也。
皦　明也。
绎　相续不绝也。
成　乐之一终也。

【述要】

夫子与鲁太师谈乐。

夫子道:"音乐之美,可以感知啊。音有五音之分,律有六律之定，音生情感，声合乐思，而后有音乐。音乐始现，若鸟之敛翼，翕然而起；于是五音各司其职，无相夺伦，音声相从，高下相倾，缓急以追攀，清浊以激扬，已感为人情，纯纯然和美和善；又若天际云流，霞辉飞溢，皦皦然色采色明；继而声寻幽寂，音流旷远，绎绎然绵延绵邈；待听得曲终告成，犹有未尽之意啊！"

（二十四）

仪封人请见，曰："君子之至于斯也，吾未尝不得见也。"从者见之。出曰："二三子何患于丧乎？天下之无道也久矣，天将以夫子为木铎。"

【注解】
仪　　卫邑。
封人　掌封疆之官。
君子　谓当时贤者。
丧　　谓失位去国。
木铎　金口木舌，施政教时所振，以警众者也。

【述要】
　　卫国仪邑有一封疆官吏请见夫子，他说："向来贤人君子经过此地，我没有不拜谒之。"于是随行弟子引他见于夫子。
　　见罢夫子而出，他对夫子门弟子说："诸位君子啊！何必患先王之道丧呢？天下虽无道已久，上天犹将以夫子为木铎，以其金口宣法教于天下啊！"
　　夫子之道岂徒信从于弟子，当时边徼之地亦有信从之人。知夫子之道无内外，通远近，大可行天下而有声！夫子木铎之谓，其沿称至今而愈盛，知夫子之道已溥博生民，广泽四海，有万世之用而无远弗届矣！

（二十五）
子谓《韶》："尽美矣，又尽善也。"谓《武》："尽美矣，未尽善也。"

【注解】
韶　舜乐。
武　武王乐。
美　悦人身心而能劝善者。〇
善　美之实也。

【述要】
　　说帝舜之《韶》乐。
　　夫子道："帝舜上承尧德，和通天地，和敬人民，兴作《韶》乐。尽仁德之善，尽音乐之美，可以为文乐以播仁声，可以劝化天下啊。"
　　说武王《大武》之乐。
　　夫子道："《大武》之乐，乃武王上承尧舜、文王之德，为救民溺而伐纣，有武成而后作。虽尽美而未能尽善，犹尽人事而尽义，可以为武乐而正义声；且武乐未能尽善之处，可以《韶》乐以补之，从此文武之乐举，干戚羽旄之舞兴，然后乐正而人事为昌啊！"
　　乐者，心德之音流也。圣人与万物一体而志道依仁，其音声言语之发莫不气允中和，合德于天地而涵育万类。故万类竞秀之美岂不为圣人言语音声之美？此涵育之功岂不为圣人言语音声之善。由圣人之心以流音而成乐，其美善可知矣！
　　乐之所以为教，在其美善之质；乐之所以成教，在成人事之美善也！

（二十六）

子曰："居上不宽，为礼不敬，临丧不哀，吾何以观之哉？"

【注解】
观　察德行以仔细。○

【述要】
　　夫子道："居上不宽，其于政令何以施之？为礼不敬，其于贤能何以得之？临丧不哀，其于仁情何以显之？不知其何以者，则其人治政我如何能观之呢？"
　　仁不纯，德不厚，礼不明，知不深，意不诚；何能有宽？有敬？有哀？如此则夫子何以观之！

里仁篇

里仁第四
凡二十六章

(一)
子曰:"里仁为美。择不处仁,焉得知?"

【注解】
里　居也。○
美　悦人身心而能成善也。○
知　明乎人性之美善,明乎美善人性之法。○

【述要】
　　夫子道:"心安于仁厚之域,身居于仁厚之乡,是为平生最美之事。因此而能体仁以行,是为平生最善之事。不能择仁而处,其为丑;不能体仁而行,其为恶。若于此美丑不分,善恶不辨,如何能称有知呢?"
　　不知仁之美善,不知里仁之为美且善,不知成仁为至美至善,焉能得知?

(二)
子曰:"不仁者,不可以久处约,不可以长处乐。仁者安仁,知者利仁。"

【注解】
约　穷困也。
利　非从义也。○

【述要】
　　夫子道："不仁者，私心欲利，不能久处俭约；不仁者，是非妄断，心无所归，不能长处安乐。仁者，天生仁爱，其仁行则安，不仁行则不安；而知者，虽非天生仁爱，却能辨美丑、分善恶，知行仁有利，亦能尊仁而行。"

（三）
子曰："唯仁者能好人，能恶人。"

【注解】
好　美善之同感也。○
恶　丑恶之深斥也。○

【述要】
　　夫子道："私心为恶，行恶为丑，大公为善，行善为美；而仁者安仁，唯仁者不以个人私心为依止，而以大公仁爱为遵循，故唯仁者最能细知善恶美丑之所在。又如是之故，唯仁者可以知人之美善而好之，知人之丑恶而恶之。"

（四）
子曰："苟志于仁矣，无恶也。"

【注解】
志　心之所之也。
恶　不仁之过也。○

【述要】
　　夫子道："诚能有志于仁，人心便可以向善而无言行之恶了。"

仁者，心之体也，仁纯则心明智亮。而无志于仁者，则心有所蔽；心有所蔽，则何能分细于美丑，确定乎善恶，故难免于为丑为恶矣。

（五）
子曰："富与贵，是人之所欲也，不以其道得之，不处也。贫与贱，是人之所恶也，不以其道得之，不去也。君子去仁，恶乎成名？君子无终食之间违仁，造次必于是，颠沛必于是。"

【注解】
富与贵　由民力而生，总为天下财货与权势之和，为人人可求之公器也。○
欲　本能之求也。○
其道　仁义之行也。○
贫与贱　人道之不幸，而有人事之不善也。○
名　仁义之显也。○
造次　急遽苟且之时。
颠沛　倾覆流离之际。

【述要】
　　夫子道："富贵之为物，有其小大，而其小大之成在民力多寡，因民力所限，天下富贵有其定数，取多则为富贵，取之不足则为贫贱。故富贵之取关乎民生，有仁义之道存焉。富与贵虽是人人之所欲，亦是人人之可求，而不合仁义之道以取之，则君子终不因此而占有；贫贱是人人之所厌恶，不合仁义之道以去之，君子终不因此而脱离。君子若去仁而不就，如何能成君子之名呢？虽饮食之间，君子亦无有违仁而弃之；其于造次仓促之时，必行于仁而不违，颠沛流离之际，必志于仁而不弃啊！"

（六）
子曰："我未见好仁者，恶不仁者。好仁者，无以尚之。恶不仁者，其为仁矣，不使不仁者加乎其身。有能一日用其力于仁矣乎？我未见力不足者。盖有之矣，我未之见也！"

【注解】
盖　疑辞。

【述要】
　　夫子道："我未见好仁之人，也未见憎恶不仁之人。若是好仁之人，那他于世间所好，便无有高尚能甚于仁者，而如此之人，我未曾见之；至于憎恶不仁之人，为不使不仁之名加诸其身，其也必为仁也，而如此作为之人，我亦未曾见之。有人能一日用力于仁吗？我未见力不足者，唯见不肯用力者；又或许有之，而我未尝得见啊！"
　　仁者，舍己而爱人也；为仁之所以为难也，在舍己难，而爱人更难。

（七）
子曰："人之过也，各于其党。观过，斯知仁矣。"

【注解】
过　言行之不经而有人伦之害也。〇
党　类也。

【述要】

　　夫子道:"人无过之时,往往多情文之虚饰,是以人心难察!及其有过,因其所亲所好之不同,则各有所异。好仁者之过,或因其心有所不忍,或因其智有所不及;其之过也,自我觉之则能悔,他人告之则能改且喜,而其能悔能改,亦因其不忍。而不仁者之过,其因有其忍心,有其智有不及;其之过也,自我觉之则无悔,他人告之则无改且怨,其无悔无改,亦因其忍心。是故观其过之所由,观其改过与否,则可知其仁之有无了。"

　　往往不忍之过,犹有众人之同情,而忍心之过,众人必痛恨之不已;痛恨之不已,虽欲改过,灾或不免,而同情之有余,虽则为过,福或有得;故仁与不仁,能无慎乎?

(八)

子曰:"朝闻道,夕死可矣!"

【注解】

道　事物当然之理。
死　殉道而亡。○

【述要】

　　夫子道:"道之为道,至深至广,至大至用。人非至诚不能明道,人非至圣不能成道,大道难闻,可知啊!道之既通,亦能通死生之理;既通死生之理,死又何惧?故若能朝间闻道,又何惜夕间殉道而亡呢?"

(九)

子曰:"士志于道,而耻恶衣恶食者,未足与议也!"

【注解】

道　既关乎人事兴衰，又在人事之外者。○

【述要】

　　夫子道："欲成士者，必志于道，苟志于道，则无贫富贵贱之分；若其人以粗衣恶食为耻，便不足与议论圣人之学问了。"

　　不耻恶衣恶食，其心无所滞碍方有论道之从容。

（十）

子曰："君子之于天下也，无适也，无莫也，义之与比。"

【注解】

适　专主也。
莫　不适也。○
义　仁行之时宜也。○
比　从也。

【述要】

　　夫子道："君子之于天下，非无可行，亦非无不可行，唯仁义之所在，则比附亲从而同行之。"

　　唯从仁义可以通行天下。适莫与否？其中有无仁义可以断之；何能适莫？心中有无仁义方能断之。故唯仁义存乎心，行于外，是君子之之于天下也。

（十一）

子曰："君子怀德，小人怀土。君子怀刑，小人怀惠。"

【注解】

君子 在上位者,能自觉而觉他,自利而利他也。〇
怀德 行仁之愿。〇
怀土 居安之思。盖土能生百物,广货财,居室家,生息以繁衍也。〇
怀刑 思法令制度之完备。〇
怀惠 思利益分配之不缺。〇

【述要】

夫子道:"君子思怀仁义之施,小人思怀乐土之居;君子思怀制度之备,小人思怀利益之得。"

小人之怀,乃生民之常乐也,亦为君子之乐。而乐土之居,在仁义之施,利益之得,在制度之备也。是以君子之怀岂徒在土在惠,其必有性命之自觉,先天下以忧,怀德怀刑以利天下也。

怀德,故君子为政有仁德能主;怀刑,故君子为邦有刑政可辅。二者之兼,已言之于夫子。

(十二)
子曰:"放于利而行,多怨。"

【注解】

放 依也。
多怨 谓多取怨。

【述要】

夫子道:"任从于利而行事,必损人之利而遭怨恨,或贪心不足而自怨自恨。"

放于命而行,多福;放于仁而行,多禄。

（十三）

子曰："能以礼让为国乎？何有？不能以礼让为国，如礼何？"

【注解】
让者 礼之实也。
何有 言不难也。

【述要】
　　夫子道："能以礼让治国吗？为礼而能兴让，于治国有何难呢？为礼不让而求为治国，礼之具备又能如何呢？"
　　祸乱之端，原来不礼，和平之境，无非是让。

（十四）

子曰："不患无位，患所以立。不患莫己知，求为可知也。"

【注解】
所以立 谓所以立乎其位者。
可知 谓可以见知之实。

【述要】
　　夫子道："君子不患无位可居，当患无德以立，无贤为用；君子不患无人知己，当求仁厚而德显、贤能而才具，方可以为人所知啊！"
　　知所以立，与夫求为可知，其不为学欤？唯强学不已，方无所患也。

（十五）

子曰："参乎！吾道一以贯之。"曾子曰："唯。"子出，门人问曰："何谓也？"曾子曰："夫子之道，忠恕而已矣。"

【注解】

参乎 呼曾子之名而告之。

道 通涂之至于仁也。○

一 不二之道心也。圣人无不以此心为出发，无不用此心以感通，无不用此心以审度，无不用此心以隐括，亦无不以此心为退藏。故圣人之心，其本为一，其用为一，其全体亦为一也。○

贯 推其道心，其知无所不通，其行无所不达也。○

唯 应之速而无疑者也。

忠 尽己之道心。○

恕 推己之道心。○

【述要】

夫子道："曾参，我所述之道，皆有贯之终始之根本啊！"

曾子回答说："是啊。"态度从容而毫不迟疑。

夫子出，在座同门问："夫子所言者何？"

曾子说："于我所知，夫子之道，尽其忠恕而后已。夫子尽忠而诚，故于先王之道无所不信，无所不得；夫子尽恕而仁，故于君子之德无所不行，无所不具啊！"

夫忠乃尽己无不以道心，恕乃推己无不以道心。而圣人之所为无非尽己推己而已。故忠恕乃圣人一贯之道也。

曾子出言"忠恕"，已参乎夫子之一贯。后来《大学》之述，又其证也。

（十六）
子曰："君子喻于义，小人喻于利。"

【注解】
君子　重义之人。〇
喻　犹晓也。
义　仁行之所宜。〇
小人　唯利之徒。〇
利　私欲之所便。〇

【述要】
　　夫子道："凡事晓喻于义，不义不行，其必为君子；凡事晓喻于利，不利不为，其必为小人了。"
　　义者，事体之大也，其有益于众生，而利反之；故君子所喻，必有众生之所益，而小人反之。
　　又须知者，君子之志在仁在道，其义之取喻，乃仁道之当行也；小人之志在私在欲，其利之取喻，乃私欲之忍为也。是知君子小人取喻不同，实二者取志之不同也。

（十七）
子曰："见贤思齐焉，见不贤而内自省也。"

【注解】
贤　操行之善，而才能之多者。〇
齐　一致也。〇

【述要】
　　夫子道："见古今贤圣之人，当思合其大道，齐其盛德；

见古今不贤之人,当省于内心以警戒之!"

而不仁不学者,往往见贤相妒,见不贤而相与类也。

(十八)
子曰:"事父母,几谏;见志不从,又敬不违;劳而不怨。"

【注解】
几　微也;此谓父母隐微之意、细微之情也。○

【述要】
夫子道:"事奉父母,当知父母之意,体父母之情,寻机会以谏,从微情而劝;若见己意不为父母听从,更起敬爱之心,而无违逆之意;虽有劳心劳力而无怨意。"

其中有体察之能,敬顺之情,任劳之功,任怨之德也。此于父母之事,方可谓尽心也已矣。

(十九)
子曰:"父母在,不远游。游必有方。"

【述要】
夫子道:"父母在时,不作远游。不得已而远游,必告知父母所去何向。"

不远游,能顾父母近需之急;游必有方,能解父母远念之忧。顾急解忧,孝子之当为也。

(二十)
子曰:"三年无改于父之道,可谓孝矣。"

【注解】

道　言行一贯之则也。○

【述要】

夫子道："孝而上顺，礼而敬妻，慈而爱子，任一家之重，是为父之道；为人子者能持之三年而无改，必能一承血脉，远绍家风，则可谓孝了。"

无孝不足以持家，无家不足以成国。故家国之兴，孝其本也！

（二十一）

子曰："父母之年，不可不知也；一则以喜，一则以惧。"

【注解】

知　犹记忆也。

【述要】

夫子道："父母之年，为人子者，如何能不记之呢？一则为父母康寿而生喜，一则为父母将衰而生惧啊！"

为人子之孝之与否？从其喜色、从其惧意便可知矣。

（二十二）

子曰："古者言之不出，耻躬之不逮也。"

【注解】

古者　古之明王之时也，以见今之不然。○

逮　及也。

【述要】
　　夫子道："古者言不轻出，恐躬行不逮；躬行不逮，则言而无信；言而无信，古者深以为耻啊！"
　　君子所能示于人者，不过其言其行也。失言失行，则君子之名不复矣。

（二十三）
子曰："以约失之者，鲜矣！"

【注解】
约　　束于己，洁于学也。○

【述要】
　　夫子道："约言以讷，其有慎重，约言以信，其有诚实；而约行以俭，其宽仁已具，约行以礼，其恭谨已具；约无爽失，其诚信已具；至于由博反约，则其学问已具。因此，于为人有失，于为学有失，则少见了！"

（二十四）
子曰："君子欲讷于言而敏于行。"

【注解】
讷　　迟重也。○

【述要】
　　夫子道："君子所言，欲为讷而稳重，谨勿轻浮；而君子所行，欲为敏而有力，求以达成。"
　　言不讷则躁率，行不敏则功亏。

（二十五）
子曰："德不孤，必有邻。"

【注解】
德　本善行道者。○
邻　犹亲也。

【述要】
夫子道："莫不有秉人性之善者存焉，莫不有识王道之贤者存焉；故本善行道之人，欲孤不能，必有德音相感之善邻，远来而近往啊。"

（二十六）
子游曰："事君数，斯辱矣；朋友数，斯疏矣。"

【注解】
数　烦数也。

【述要】
弟子子游说："奉事君上，屡屡强君所难以劝谏，便会自取其辱；与朋友交，屡屡强友所难以劝善，便会自疏于朋友。"

君臣、朋友虽五伦分属，而二者有义合之美则一也；既以义合，则彼此奉义劝善而相互取益，方能成其美矣！然于君友有所劝善，而君友或不以为然，或明知而不改，若再行劝善岂非强人所难？强人所难则是反恕道而行，则是攻君友之恶矣；攻君友之恶必使君友心生怨恨，而君友怨恨之生，则是我自取辱之所在，君友生疏之所由；因此劝善与攻恶之变，自有恕道以分界，君子当明察焉耳。

而劝善未尝不是攻人之恶，盖劝善即是劝人自攻其恶而迁善；若情势不判，言语未周，难免劝善伊始即为攻恶之初，其中恕道之细微，君子亦当明察焉耳！

公冶长篇

公冶长第五
凡二十八章

(一)
子谓公冶长,"可妻也。虽在缧绁之中,非其罪也。"以其子妻之。

【注解】
公冶长 孔子弟子。
妻 为之妻也。
缧 黑索也。
绁 挛也。

【述要】
说弟子公冶长。
夫子道:"可将女儿许配之。他虽曾身陷牢狱,而这并非其罪。虽受罪罚却不改其志,尚能从学于我。"于是将女儿许配之。
夫子识人,不离德性品节。

(二)
子谓南容,"邦有道,不废;邦无道,免于刑戮。"以其兄之子妻之。

【注解】
南容 孔子弟子,居南宫。名绦,又名适。字子容,谥敬叔,孟懿子之兄也。
有道 礼乐其兴,政令其施。○
不废 言必见用也。

【述要】

说弟子南容。

夫子道:"邦国有道,其贤见用而不废;邦国无道,其行谨慎而能免于刑戮。"于是将其兄之女许配之。

君子才德,但须考察于有道无道,缺一不可。

(三)

子谓子贱,"君子哉若人!鲁无君子者,斯焉取斯?"

【注解】

子贱 孔子弟子,姓宓,名不齐。
斯 子贱也。○
焉 何也。○
斯 君子之德。○

【述要】

说弟子子贱。

夫子道:"子贱亲骨肉、笃朋友,智而能行,治邑又能求贤自辅,若子贱这般,堪称君子了!然鲁国若无君子,子贱又如何学取君子之德呢?鲁国真乃君子之地啊!"

鲁无先王遗教,岂有君子!鲁无君子,岂有子贱!夫子亦受惠母邦,感激起思而追念先之君子、过往先王,其德已见厚矣!

(四)

子贡问曰:"赐也何如?"子曰:"女器也。"曰:"何器也?"曰:"瑚琏也。"

【注解】

女　音汝。

器　有用之成材。

【述要】

  弟子子贡问夫子说："夫子以为弟子如何？"

  夫子道："你啊，是太庙中之礼器。"

  子贡面有喜色问："是何种礼器呢？"

  夫子道："是盛黍稷之瑚琏，华美而高贵，有社稷之用啊！"

  信实而嘉善之言，可以成人之美。

（五）

或曰："雍也，仁而不佞。"子曰："焉用佞？御人以口给，屡憎于人。不知其仁，焉用佞？"

【注解】

雍　孔子弟子，姓冉，字仲弓。

佞　仅于口才之逞也。○

御　当也，犹应答也。

给　辨也。

憎　恶也。

【述要】

  有人说："仲弓可称仁者，而不好佞言巧辩。"

  夫子道："不佞好啊，何必用佞呢？以口上予己之便而巧答他人，必屡屡受人憎恶。仲弓虽有不佞之贤，而仅于此，是否称仁还未可知；再者，仁既许人以全德，言行但从其仁而能称德，又何须用佞呢？"

不知其仁,是夫子求是之言也,不因弟子而置腴词。

(六)
子使漆雕开仕。对曰:"吾斯之未能信。"子说。

【注解】
说　音悦,心许之意。○
漆雕开　孔子弟子,字子若。
斯　出仕之理。○
信　学成而有才德之实也。○

【述要】
夫子欲使弟子漆雕开为官。

漆雕开说:"我于为官、于治理、于教化,还未能有信于自己呢。"夫子听后悦然。

漆雕开深志于学,有自明之诚,有自谦之德,故深得夫子之心。

(七)
子曰:"道不行,乘桴浮于海,从我者其由与?"子路闻之喜。子曰:"由也,好勇过我,无所取材。"

【注解】
桴　筏也。
勇　忠义之任。○

【述要】
夫子道:"若先王之道不行,便乘筏漂浮于海,届时随从我者,是子路你吗?"

子路听罢大喜。

夫子接着道:"子路好勇胜过于我,无有它处可取子路这等忠勇之材了!"

自夫子得子路,恶言不闻于耳,知子路之勇无所取材也。好勇之谓本无是非,但须发乎仁、从乎义而已。至于夫子所言道不行则卷怀之而浮海,足见夫子唯道之与进退也!

(八)

孟武伯问:"子路仁乎?"子曰:"不知也。"又问。子曰:"由也,千乘之国,可使治其赋也;不知其仁也。""求也何如?"子曰:"求也,千室之邑,百乘之家,可使为之宰也;不知其仁也。""赤也何如?"子曰:"赤也,束带立于朝,可使与宾客言也;不知其仁也。"

【注解】
赋 兵也。
千室 大邑。
百乘 卿大夫之家。
宰 邑长家臣之通号。
赤 孔子弟子,姓公西,字子华。

【述要】

孟武伯问:"子路仁吗?"

夫子道:"我不知晓。"

孟武伯不解又问。

夫子道:"子路么,有千乘之国,可使其治理兵赋,至于其是否称仁?还未可知。"

又问"冉有如何?"

夫子道:"冉有么,有千室之邑,有百乘之家,可使其为宰臣以治理，至于其是否称仁？还未可知。"

又问"公西华如何？"

夫子道："公西华么，如束带立于朝堂之上，可使其与宾客周旋言谈，至于其是否称仁，还未可知呢。"

或曰夫子门弟子皆不及仁，是夫子教而无当？此言非也。夫子学而不厌，诲人不倦，已尽己之诚、竭己之忠，已无愧于善化之功；而仁为德之全体，善之至极，虽非常人之所能及，然仁本具于人之天性，夫子之教不过诱其内心之仁而已。故成仁与否终在于己，不在夫子，况夫子据实之言犹有劝进之功也。

（九）

子谓子贡曰："女与回也孰愈？"对曰："赐也何敢望回！回也闻一以知十，赐也闻一以知二。"子曰："弗如也，吾与女弗如也。"

【注解】
愈　胜也。
与　许也。

【述要】

夫子问弟子子贡道："你与颜回，谁之学问更胜？"

子贡说："我何敢望颜回以比附呀！颜回闻一能推以知十，而我呢，闻一仅能推以知二吧。"

夫子道："不如啊！我与你皆不如啊！"

虽言颜回之贤，而问答之间，又见子贡之贤，夫子之谦也。而夫子之谦言，如颜回子贡之徒听之，非敢自喜，必惶惶而不安，更期于学问之精进；故夫子之谦言，于二人实为携进之辞也！

（十）

宰予昼寝。子曰："朽木不可雕也，粪土之墙不可杇也，于予与何诛！"子曰："始吾于人也，听其言而信其行。今吾于人也，听其言而观其行。于予与改是。"

【注解】
昼寝 谓当昼而寐。
朽 腐也。
雕 刻画也。
杇 音污，镘也；此谓涂饰也。○
与 语辞。
诛 责也。

【述要】
　　见弟子宰予白昼昏睡。
　　夫子道："树木一旦腐朽，便不可雕镂，土墙一旦秽污，便不可粉饰。若是知此，于宰予你啊，我还能有何责备呢？"
　　又道："此前我之于人，听其所言而信其所行；而今我之于人，听其所言而后观其所行。如是之变，是于宰予你之言行不一啊！"
　　顺阴阳以作息，不唯长养之道，亦为学问之道也。古圣之明德，先哲之显道，唯精神爽豁以相契。昼明阳气用事，正是用功之时，欲为君子者焉能寝寐以虚度之。虽责之深，而又见后来宰予之贤，知此亦为夫子因时因机之教，未为失也。
　　无宰予等徒众之贤，何来夫子之圣！盖虽圣能启贤，而圣功不失贤助，贤圣相善方有教化之新，王道之隆也。故于宰予之责，厉辞出乎夫子则可，而若后来学者以夫子之辞责乎宰予则不可,此是不敢稍慢于先贤也!

(十一)
子曰:"吾未见刚者!"或对曰:"申枨。"子曰:"枨也欲,焉得刚?"

【注解】
刚 不泥于私欲,则不为所折也。〇
申枨 弟子姓名。
欲 溺私而气节亏也。〇

【述要】
　　夫子道:"我未见刚正不屈之人。"
　　有人说:"弟子申枨是吧。"
　　夫子道:"申枨嗜欲多私,私欲存而屈意徇物,如何得刚呢?"
　　无欲则刚,盖出于此。或贪财货,或逞意气,或偏喜好,或存怨怒,但凡耽情役物者,皆可为欲。其细微之处,察之虽难,总有言行色貌之异样。而圣人磊落灵觉,虽一丝之异,亦难逃其目炬也!

(十二)
子贡曰:"我不欲人之加诸我也,吾亦欲无加诸人。"子曰:"赐也,非尔所及也!"

【述要】
　　弟子子贡说:"我不欲他人加不好于我,我亦不欲加不好于他人。"

夫子道："子贡啊，虽说如此，实际难为。他人加与不加在他人，不在我；我之加与不加，虽说在我，而唯仁者能好人、能恶人。故加与不加，是在好恶真知之后，此乃仁者尽仁之事，非你目前所能及呀。何况他人加与不加，我皆需修身以待之！"

（十三）
子贡曰："夫子之文章，可得而闻。夫子之言性与天道，不可得而闻也。"

【注解】
文章 德之见乎外者，威仪文辞皆是也。
性 人之所受于天，天之所赋于人者，故性乃人天合处。其合天处曰性天，其合人处曰性本。性天性本，一也。性天，自与天道汇流，性本但为人道开源。因与天道汇流，故能生生不已，能为人道开源，必有仁爱之不止。故性天性本、生生仁爱，皆为一也。生生之不已，仁爱之不止，故其亦为心地纯善之端也。〇
天道 自然之象与成象之理也，其为人道之所由来。〇

【述要】
弟子子贡说："夫子巍巍之表、皇皇之言，是所谓夫子之道德文章，尚且可得而见，可得而闻呀！至于夫子所言之人性与天道，虽幽幽而深邃，其的然而存；虽恢恢而广大，其焕然而章；虽时时言之于夫子，而非诚明之至，终然充耳不闻，遑论知解于心啊！"

日月经行，在圣人知有天道之炳蔚、人性之承泽；而在常人，则惯见之而未见，何曾有得？

（十四）
子路有闻，未之能行，唯恐有闻。

【注解】
有　可通又。○

【述要】
　　子路有闻夫子之教，如未能力行之，唯恐又有所闻而力行不及也。
　　闻而不行，不如不闻。子路所以好忠义之勇，是其闻教力行也，而其所以闻教力行，是好忠义之勇也。

（十五）
子贡问曰："孔文子何以谓之文也？"子曰："敏而好学，不耻下问，是以谓之文也。"

【注解】
孔文子　卫大夫，名圉。
文　知本贵学也。○
下问　以尊问于卑，以能问于不能，以多问于寡。○

【述要】
　　弟子子贡问："卫国大夫孔圉去世后得谥为文，称孔文子，何以言其有文呢？"
　　夫子道："孔圉敏而好学，不耻下问，所以得谥为文。"
　　品贤定论，可以为君子教义。

（十六）
子谓子产，"有君子之道四焉：其行己也恭，其事上也敬，其养民也惠，其使民也义。"

【注解】
子产 郑大夫公孙侨。
恭 谦逊也。
敬 谨恪也。
惠 慈爱也。○

【述要】
　　夫子评价郑国大夫子产道："其身有君子之道四：一为立身操行，恭而多让；二为奉事君上，敬而知畏；三为养育人民，惠而多教；四为使用民力，义而知节。"
　　夫子旌贤不遗一词，唯恐学者不知。

（十七）
子曰："晏平仲善与人交，久而敬之。"

【注解】
晏平仲 齐大夫，名婴。

【述要】
　　夫子道："晏平仲善与人交往，愈久而敬人之意不减，愈久而更为人所敬爱啊！"
　　敬人者，人恒敬之。

（十八）
子曰："臧文仲居蔡，山节藻棁。何如其知也！"

【注解】
臧文仲 鲁大夫臧孙氏，名辰。
居 犹藏也。
蔡 南方蔡地之大龟。○
节 柱头斗栱也。
藻 水草名。
棁 梁上短柱也。
知 智也；仁义之能知也。○

【述要】
　　夫子道："臧文仲建藏室以养南方蔡地之大龟，龟室有山水斗拱，藻绘梁柱，堪比宗庙之美。视他方异物若神明而供奉，建居逾制以竞奢，如此不务民义，不恤民力，这如何说他是有智之人呢？"
　　夫子嫉恶，不容纤发。

（十九）
子张问曰："令尹子文三仕为令尹，无喜色。三已之，无愠色。旧令尹之政，必以告新令尹。何如？"子曰："忠矣。"曰："仁矣乎？"曰："未知，焉得仁？""崔子弑齐君，陈文子有马十乘，弃而违之，至于他邦，则曰：'犹吾大夫崔子也！'违之，之一邦，则又曰：'犹吾大夫崔子也！'违之。何如？"子曰："清矣。"曰："仁矣乎？"曰："未知。焉得仁？"

【注解】

令尹 官名，楚上卿执政者也。
子文 姓斗，名谷于菟。
无喜色 知其材自得之也。○
无愠色 知非己之罪也。○
仁 恭行德政而有德称，终生德义未亏也。○
崔子 齐大夫，名杼。
齐君 庄公，名光。
陈文子 亦齐大夫，名须无。
十乘 四十匹也。
违 去也。
清 不容于浊也。○

【述要】

　　弟子子张问："楚国令尹子文三次为令尹，无有喜色；三次罢免，无有愠色。免去之时，必以其旧政告知新任令尹。子文如何呢？"

　　夫子道："于职守忠而无私也！"

　　子张问："可以称仁吗？"

　　夫子道："未可知晓；若仅能于职守忠而无私怎能称仁呢？"

　　子张又问："齐国大夫崔杼弑齐君，大夫陈文子有马十乘，竟舍弃之而愤然去国。至于他邦，不久便说：'此邦大夫与齐国大夫崔子未有不同啊！'于是愤然离去。又至一邦，不久又说：'此邦大夫与齐国大夫崔子未有不同啊！'于是又愤然离去。那陈文子如何呢？"

　　夫子道："于操行清而不染。"

　　子张问："可以称仁吗？"

　　夫子道："未可知晓；若仅能于操行清洁又怎能称仁呢？"

二人或忠显一时，或清明诸事，可谓有一德之具，然未有德政之远闻，令名之久著也。故仁之未许，夫子有以。

（二十）
季文子三思而后行。子闻之，曰："再，斯可矣！"

【注解】
季文子　鲁大夫，名行父。
三　言多也。〇
思　欲得情理之真切可行。〇
行　情理于事展布有节。〇
再　二次，言不必多也。〇
斯　语辞。

【述要】
季文子每事必三思而后行。
夫子听闻后道："不仁不义之事，多思而无益；当仁义之时，往往不及细思，若及，再思其是否当仁据义即可。"
君子临事，决无拖泥带水，其所决者，唯仁以依，唯义以比，故君子敏于事也。

（二十一）
子曰："宁武子，邦有道，则知；邦无道则愚。其知可及也，其愚不可及也。"

【注解】
宁武子　卫大夫，名俞。
知　其才干。〇
愚　其忠信。〇

【述要】

　　夫子道:"宁武子此人,当卫成公治邦有道之时,其辅政也多谋算,才干特出,一如智者;后成公治邦无道,而宁武子救亡不惧艰危,其忠信无亏,一如愚者。其智谋他人或许可及,而其愚诚他人则不可及啊!"

　　才干易具,忠信难得。

(二十二)

子在陈曰:"归与!归与!吾党之小子狂简,斐然成章,不知所以裁之!"

【注解】

狂简　　志大而略于事也。
斐　　音匪,文貌。
成章　　言其文理成就,有可观者。
裁　　割正也。

【述要】

　　时夫子在陈国,知其道终不可行于天下,而其身将老,欲成就后学以传道未来,遂思归而叹息道:"归家吧!归家吧!与我同道之在家子弟,虽志大而狂,行陋而简,皆已有丰富之学,礼乐之习,斐然已成文章,岂无可观!如不归家,恐不知如何于他们裁而正之了!"

　　虽有文章,若不及时裁正之,则易落狂荡而伤志节,明显疏阔而损事功,又且师徒之情萦怀既久,归与之言实夫子剀切之意也。

(二十三)

子曰:"伯夷、叔齐,不念旧恶,怨是用希。"

【注解】
伯夷、叔齐 孤竹君之二子。
是 语助也。〇
用 因此。〇

【述要】
　　夫子道:"伯夷叔齐二位贤人,不念他人旧恶,故其不平之怨也因此少了。"
　　嫉恶可以扬善,而旧恶之念,则隐善而伤仁矣。

(二十四)

子曰:"孰谓微生高直?或乞醯焉,乞诸其邻而与之。"

【注解】
微生高 微生姓,高名,鲁人,素有直名者。
直 诚无所掩,信无所饰。〇
乞 讨也。〇
醯 醋也。

【述要】
　　夫子道:"谁说鲁人微生高直而不曲了?有人上门乞醯,他向邻人乞之而转予来人。"
　　不直者掩饰必多,掩饰处诚信可疑,可疑时殆无德之善成也。

(二十五)

子曰:"巧言、令色、足恭,左丘明耻之,丘亦耻之。匿怨而友其人,左丘明耻之,丘亦耻之。"

【注解】

巧言 言不实。○
令色 色无诚。○
足恭 为礼太过。○
耻 行伪而羞。○
匿怨 怀恨在心。○
友 交好于人。○
耻 失真而愧。○

【述要】

夫子道:"巧言、令色、过于恭谦而伪善,左丘明深以为耻,我亦深以为耻;与人交好,当坦诚以见,不因己私或他人之过而心有怀恨,而若如此者,左丘明深以为耻,我亦深以为耻啊!"

未见古今圣贤之心异,却有同情之可寻。圣人尚有前贤之齐,何况后学!

(二十六)

颜渊、季路侍。子曰:"盍各言尔志?"子路曰:"愿车马、衣轻裘,与朋友共。敝之而无憾。"颜渊曰:"愿无伐善,无施劳。"子路曰:"愿闻子之志。"子曰:"老者安之,朋友信之,少者怀之。"

【注解】

盍 音合,何不也。
衣 服之也。
裘 皮服。
敝 坏也。
憾 恨也。

伐　夸也。
善　谓有能。
劳　劳事也。○

【述要】
　　弟子颜渊、子路侍立一旁。
　　夫子道:"你们何不各言己志?"
　　子路说:"愿车马之驰、轻裘之衣,与朋友共,虽用至于敝也无遗憾。"
　　颜渊则说:"愿施善予人,而无夸伐,愿自任劳苦,而不推施他人。"
　　子路又说:"愿闻夫子之志。"
　　夫子道:"老者安于老有所养,朋友信从朋友有信,少者怀有长者之爱。"
　　子路之志在朋友之义,颜渊在尽己之仁,而夫子已在天下教化之功矣!

(二十七)
子曰:"已矣乎!吾未见能见其过,而内自讼者也。"

【注解】
过　不良之习染既深而有偏。○
内自讼者　口不言而心自咎也。

【述要】
　　夫子道:"唉!能时时省察己过,又能自辨其因,终能深悔改过者,我未能见之啊!"
　　诚明其心者,不容有过;容过于心者,未见其诚明。而诚明之境,非乐道好学者不能期;然乐道好学,无关利禄，又有其中之艰难，故成之者几希，夫子难免有已矣之叹！

(二十八)
子曰："十室之邑，必有忠信如丘者焉，不如丘之好学也。"

【注解】
十室 小邑也。

【述要】
　　夫子道："十户人家之小邑，其中必有天生忠信如我者，但不如我之乐道好学啊！"
　　夫忠信有其天性之属，或不必学而后得，具其德者不在少；而好学是后天习得，必深信于道而后能之，有此乐者不为多也。

雍也篇

雍也第六

凡二十八章

(一)

子曰:"雍也可使南面。"仲弓问子桑伯子,子曰:"可也,简。"仲弓曰:"居敬而行简,以临其民,不亦可乎?居简而行简,无乃大简乎?"子曰:"雍之言然。"

【注解】
南面 人君听治之位。
子桑伯子 鲁人也;曾不衣冠而处,为夫子所讥。○
简 不周礼数,不拘小节。○
行简 此谓居敬者,其行从简而礼度犹存。○
居简 平居不敬而放。○
行简 此谓居简者则其行失度。○
大简 大音泰;此谓无法度之可守也。○

【述要】
　　夫子道:"仲弓呀!你有人君之度,可使南面为诸侯。"
　　仲弓问子桑伯子也可以为诸侯吗?
　　夫子道:"其能力尚可,但其居行从简了。"
　　仲弓说:"自居以敬,律己以礼,如此而后行简,便能有度而不烦,以此治理百姓,不也可以吗?若自居以简,放不约礼,如此而后行简,便会失度而繁乱,这便是过于从简了,又如何能治理百姓呢?"
　　夫子道:"仲弓所言极是!"
　　夫子座下之弟子多能,其中不乏南面之才,可见夫子有育人之盛德也!育人有成,不亦君子之志业乎?不亦君子之得意乎？

而文中居行之论，似可深味之。盖修养素在平时，其人居而有敬，礼度常守，其行虽自从简，所谓删繁去缛，而度程终然不废。若其居简不敬，则礼度荡然，欲行之而何可操持？唯简陋而无所择从矣，其能无乱乎？

（二）

哀公问："弟子孰为好学？"孔子对曰："有颜回者好学，不迁怒，不贰过。不幸短命死矣！今也则亡，未闻好学者也。"

【注解】

好学 进德唯诚，修业唯精。○

迁 移也。

贰 复也。

【述要】

鲁哀公问："弟子中谁最为好学？"

夫子哀叹道："有弟子颜回，好学先王之道，能当下息怒，不迁于物，不迁于他人；能及时省过，改之而不复再犯。可惜他不幸短命，去世之时，年仅三十余岁啊！而今已无有！未闻再有好学者了！"

不迁于物而不伤物，不迁于人而不伤人，其唯仁厚者能之；能及时省过并改之而不复再犯，其唯智明者能之。智明在修营学业之精，仁厚在进居美德之诚，精诚者好学也，而精诚者寡，故好学者亦寡。而好学必以颜回为楷范，可见夫子标举之高也。道传而无亏，方不负于先王，其不亦有赖于好学者乎？夫子未闻之伤，一为当时事实，二为警励诸学者首当奋起矣！

(三)

子华使于齐,冉子为其母请粟。子曰:"与之釜。"请益。曰:"与之庾。"冉子与之粟五秉。子曰:"赤之适齐也,乘肥马,衣轻裘。吾闻之也,君子周急不继富。"原思为之宰,与之粟九百,辞。子曰:"毋!以与尔邻里乡党乎!"

【注解】

子华　公西赤也。
使　为孔子使也。
釜　六斗四升。
庾　十六斗。
秉　十六斛。
急　穷迫也。
周　补不足。
继富　已富者又加之以财货。○
原思　孔子弟子,名宪。
粟　宰之禄也。
邻　五家为邻,二十五家为里,万二千五百家为乡,五百家为党。

【述要】

弟子公西赤出使齐国,弟子冉求代公西赤母亲请米。
夫子道:"予之一釜吧。"
冉求请求多加。
夫子道:"再予一庾吧。"
最后冉求竟予之五秉之多,大大超出夫子所许。
夫子道:"公西赤之去齐国,有肥马以乘,有轻裘以衣;

我曾闻于贤者，君子于穷困之人，当急切以周济，而对富有之家，无须益之以增多。"

原宪为夫子家宰，夫子予之俸米九百斛，原宪辞多不受。

夫子道："不必推辞，多余之米，可以分予所需之邻里乡党嘛。"

周急有仁情之显，继富多谄媚之嫌。至于禄之多寡，非夫子恩加，其自有定规，而粟之劝分，则见夫子仁厚，其中原宪辞多，亦见其仁也！

（四）

子谓仲弓曰："犁牛之子骍且角，虽欲勿用，山川其舍诸？"

【注解】
犁　杂文。
骍　赤色。
角　角周正，中牺牲也。
用　用以祭也。
山川　山川之神也。

【述要】
夫子称许仲弓道："犁牛杂色，只宜耕田，不宜为牺牲以祭祀山川，而其所生牛犊，则颜色赤纯，犄角周正，其虽不欲为祭祀之牺牲，山川之神会舍牛犊而另有享用吗？仲弓，你是宗庙之才啊！"

天生人才，岂有舍之之理？舍之者，其为人才乎？

（五）

子曰："回也，其心三月不违仁，其余则日月至焉而已矣。"

【注解】

心　性理之发用，仁爱之体现。○

三月　言其久。

仁　心体清明和乐。○

【述要】

　　夫子道："颜渊深志于道而好学，了无邪思，安和清悦，其心常能居此境界而久安，其余弟子只是间或至于颜渊之境而已啊！"

　　心不违仁在于存养之功，存养之功唯在好学省察，是知夫子之劝仁，亦在劝学也！

　　而仁之为德，亦为境界，为之为难能也。颜回虽见推于夫子，而三月未久，犹可诱进，盖夫子自须臾不离于仁，亦必时时期于二三子也！是以褒词不失劝勉。

　　夫子既许心不违仁，又言君子造次颠沛必于仁，而必于仁者何也？心也！故心即仁爱，仁爱即心，有仁爱者有其心，无仁爱者无其心。其心所安处，必于仁爱，其心所以不安者，盖无仁爱也。又故仁爱乃心唯一真实之处，去仁爱而论心，若去日月而论光明，不免妄且不真，虚而难实者也，终迷其心而难返。而仁者爱人与物，其心无私恶之欲而仁爱充溢，其心惛惛然，焉能不乐？不违者是不忍为恶，亦不忍离其乐也。

（六）

季康子问："仲由可使从政也与？"子曰："由也果，于从政乎何有？"曰："赐也，可使从政也与？"曰："赐也达，于从政乎何有？"曰："求也，可使从政也与？"

曰:"求也艺,于从政乎何有?"

【注解】
从政 谓为大夫。
果 有决断。
达 通事理。

【述要】
　　季康子问:"仲由可使从政吗?"
　　夫子道:"仲由果断,于从政有何难呢?"
　　再问:"子贡可使从政吗?"
　　夫子道:"子贡通达,于从政有何难呢?"
　　又问:"冉求可使从政吗?"
　　夫子道:"冉求多艺,于从政有何难呢?"
　　不有人性之明,难有性端之审,不有才德之美,难有人才之识;而夫子于人才之用,亦不拘一格。

(七)
季氏使闵子骞为费宰。闵子骞曰:"善为我辞焉。如有复我者,则吾必在汶上矣。"

【注解】
善 事唯妥帖。○
闵子骞 孔子弟子,名损。
费 音秘,季氏邑。
必在汶上 此有高蹈远引之寓。○

【述要】
　　季氏欲使闵损为费邑之宰。

闵损说："最好为我推辞吧，若再来召我，那我一定已离鲁国而去，在汶水北面之齐国了。"
　　高尚其事者，不事王侯。闵子骞其人，素贤行孝，其之所事，曰仁、曰道，此既高尚之属，焉能视王侯为贵而事之，其汶上之远引尚或不及，况附季氏之恶也。
　　君子善辞，是其有道，小人不辞，固其就利。

（八）
伯牛有疾，子问之，自牖执其手，曰："亡之，命矣夫！斯人也而有斯疾也！斯人也而有斯疾也！"

【注解】
伯牛　孔子弟子，姓冉，名耕，以德行称。○
牖　南牖也。礼：病者居北牖下，君视之，则迁于南牖下，使君得以南面视己。时伯牛家以此礼尊夫子，夫子不敢当，故不入其室，而自牖执其手，盖与之永诀也。
命　谓天命。
夫　音扶。

【述要】
　　冉耕有重疾，夫子赶来探问，自窗外与之握手，痛心道："要失去冉耕了！是天命啊！这样之人竟有这样之重疾！这样之人竟有这样之重疾啊！"
　　有德者不失人之亲爱，其疾当时有夫子痛之！后来更有读者痛之！

（九）
子曰："贤哉，回也！一箪食，一瓢饮，在陋巷。人不堪其忧，回也不改其乐。贤哉，回也！"

【注解】

箪　竹器。
食　音嗣，饭也。
瓢　瓠也。
乐　信道安仁之境。○

【述要】

　　夫子赞叹道："颜回堪称贤善啊！以竹器盛食，一箪而已，以瓜瓢饮水，一瓢而已，身在陋巷，他人早已不堪忧苦，而颜回不改贫乐，颜回是怎样之贤善啊！"
　　非信道之深，何以堪身居之陋？非安仁之乐，何以堪饮食之菲？

（十）

冉求曰："非不说子之道，力不足也。"子曰："力不足者，中道而废。今女画。"

【注解】

说　音悦。
女　音汝。
画　能进而不欲。

【述要】

　　冉求说："不是不悦夫子之道，是力不足啊！"
　　夫子道："如力真有不足，于我之道便中途而废了。而你之所以中途而废，是你画地自限，裹足不前，岂是力有不足呢？"
　　非力不足，实为志不足也。

(十一)
子谓子夏曰:"女为君子儒,无为小人儒。"

【注解】
儒　其以《诗》、《书》、《礼》、《易》、《乐》、《春秋》之六经为讲述,以礼、乐、射、御、书、数之六艺为教授,可以为学者、为经师,亦可以为诸般职业。其既以六经为讲述,必有先王之道承,以六艺为教授,则天下之津要可据,盖六艺乃天下之通艺也。○

【述要】
　　夫子谓子夏道:"你欲为儒者,不唯六艺之授,但有六经之习,向道以自修,重道以得民,可成君子之儒;无为专授术艺,徒重术而远道,便沦为小人之儒了。"
　　君子经艺并重,道术兼行,终有道德志业之成就;小人重术而远道,则忧患之终不免矣。
　　彼时之儒蕴育千载而成今日之儒家,规模齐整,大旨完备,若人之四肢百骸及腑脏具足,有精气神凝而为一,可称系统,否则何可谓之儒家?既称儒家,又自成系统,则自有其名相,自有其解法,自有其含蕴也,似不必烦引他家名相以附会解析。何以申言儒家自成系统?盖三家流行,喜引释道以解儒家者不在少数。何以言其引不必?盖三家系统不同,名相各异,纵有名同而相不同,互解往往乱义。而何以乱义?尝试以生物之学论之。所以用生物之学者?盖生物者,生命也,系统也,有参照之利也。不妨以人类为譬喻,其系统相同,故无论颜色均能阴阳相合而衍子嗣;而其个体气质不同则有生物间之排异,彼此难容同名之组织。故不同有其同,言系统也;同有其不同,言组织也。系统间可整体相通，而组织间彼此难容，相通故可以彼此参照，难容故不必相互解释。又且系统分而为组织，组织合而为系统，然组织不能离系统而论，若腑脏之不能离于人，可离者，其为腑脏乎？学问之道盖亦若此，儒学之名相不能离儒学而论，何况烦引他学以解。人心虽为广大，无所不容，而学问系统精微，不容纤毫之杂也。世界不同文明间之关系亦同此理，文明间之所以和谐，各自系统之故，之所以冲突，相互解释之故，故相互借鉴以发展，和谐之道也，相互解释以指责，冲突之始也。是以学问之道所关乎者大矣，学者不可不慎也！

（十二）

子游为武城宰。子曰："女得人焉尔乎？"曰："有澹台灭明者，行不由径。非公事，未尝至于偃之室也。"

【注解】
武城 鲁下邑。
女 音汝。
澹台灭明 澹台姓，灭明名，字子羽。
径 路之小而捷者。

【述要】
　　弟子言偃为鲁国下邑武城之吏。
　　夫子道："你在武城可得了人才？"
　　言偃禀告说："有澹台灭明者，行由大道，从不由小径取捷；非公事，亦从不以私事来我居室。"
　　行不由径，事无取巧，见其人之直也；公不容私，私无害公，见其人之正也；正直之谓人才之首要也。

（十三）

子曰："孟之反不伐，奔而殿。将入门，策其马，曰：'非敢后也，马不进也。'"

【注解】
孟之反 鲁大夫，名侧。
伐 夸功也。
奔 败走也。
殿 军后也。
策 鞭也。

【述要】
　　夫子道："大夫孟侧，其从不夸功自伐。一次军队战败而逃，由其殿后抗敌；将入城门之时，他鞭其坐骑说：'非我敢于断后，是此马不肯进前啊。'"
　　夸功虽谓自伐，实为贬损他人以自满，为恕道所不容；自伐之为私，夫子诫去。

（十四）

子曰："不有祝鮀之佞，而有宋朝之美，难乎免于今之世矣！"

【注解】
祝 宗庙之官。
鮀 卫大夫，字子鱼，有口才。
有 通又。〇
朝 宋公子，有美色。

【述要】

　　夫子痛斥道："无有祝鮀之巧佞善辩，又无有宋朝之美色，便难免于当今世道之不容了！"

　　巧言令色，鲜矣仁；悦佞好色，鲜矣治。

（十五）

子曰："谁能出不由户？何莫由斯道也？"

【述要】

　　夫子道："户门有出入之便利，谁能出不由户呢？而先王之道有治理天下之便利，何以天下不遵由此先王之道呢？"

　　由户之利，人人可见，而王道之利，非贤圣莫知。

（十六）

子曰："质胜文则野，文胜质则史。文质彬彬，然后君子。"

【注解】

质　先天之性，充于言行为朴拙。○
文　后天之学，饰于言行有华色。○
野　亏文而质粗。○
史　亏质而文繁。○
彬彬　犹班班，物相杂而适均之貌。

【述要】

　　夫子道："为人若有淳朴之质而少修饰之文，则不免野俗；若多修饰之文而少淳朴之质，又不免浮华。文与质需相揉匀衡，彬彬而美，然后可以为君子。"

（十七）

子曰："人之生也直，罔之生也幸而免。"

【注解】
直　直取乎仁义。〇
罔　不直也。

【述要】
　　夫子道："人生在世，当秉承直道；而诬罔不直之人，所幸不过免死，是苟且偷生而已。"
　　直道承天而得福，而不直者岂蒙天之福佑。

（十八）

子曰："知之者不如好之者，好之者不如乐之者。"

【述要】
　　夫子道："徒知有先王之道而欲知之，不如从心喜好而能向学不厌；好而能学，不如有先生请益而乐、有同道切磋而乐、有体会以自省而乐、有日进之新而乐啊！"
　　唯其有道，故欲知之，唯其有好，故方好之，唯其有明，故可乐之；唯其欲知之而后能方好之，唯其方好之而后能可乐之。故虽前后有"不如"之差等，而进学之次第，所谓知之其始，好之其中，乐之其成，则舍此而莫由。

（十九）

子曰："中人以上，可以语上也；中人以下，不可以语上也。"

【注解】
语　告也。

【述要】
　　夫子道："施先王之道而为教，若于当时，受教之人其领悟居中偏上，便可以授之高深；若于当时其领悟居中偏下，便不可以授之高深了。"
　　学有躐等，悟有迟速。夫子有因材之教，亦有因时之教也。

（二十）

樊迟问知。子曰："务民之义，敬鬼神而远之，可谓知矣。"问仁。曰："仁者先难而后获，可谓仁矣。"

【注解】
民　亦人也。
义　人道之所宜也。○
鬼神　未可求知者。○
获　谓得也。

【述要】
　　弟子樊迟问如何是智？
　　夫子道："人之有智也，运于思则能无惑，用于事则能有功，而功莫大于人伦之致、民生之务，惑莫大于鬼神之迷。故讲信人伦，致力民生，虽有鬼神之礼敬，却能远之而不沉溺，这可说是智了。"
　　又问如何行仁？
　　夫子道："辛劳在先，而获取在后，此爱人而厚于人，可谓行仁了。"

无知者不足以明其仁，而无知无爱者亦不足以施其仁。

（二十一）
子曰："知者乐水，仁者乐山；知者动，仁者静；知者乐，仁者寿。"

【注解】
乐　道智之能运，则有缉熙之容受。○
寿　仁义之不害，是能天年之颐养。○

【述要】
　　夫子道："水流西东，一泻千里，其若道之滂流，事情可以任运，故为智者所乐，而山立川原，涵通万类，其若国之屹立，生民可以优游，故为仁者所喜；智者如水而周流变动，无所不可往适，仁者如山而肃安和静，无处不可立身；智者通情达理而乐，仁者守善避恶而寿。"
　　山水者，万物之所仰赖，缺一不能尽造化之美善；仁知者，生民之所仰赖，缺一而不能尽君子之美善。

（二十二）
子曰："齐一变，至于鲁；鲁一变，至于道。"

【述要】
　　夫子道："尚武功者，诸侯以齐国为尊，崇文教者，诸侯以鲁国为首。齐国尚功驰文，虽已使民风野而好勇，而太公遗风不绝，故质犹纯朴，好善乐天，且《韶》、《武》之乐时或有闻。若因此而能重施文教，富其文章而错诸质朴，则齐未尝不可再有彬彬文质之美，其此一变，已至于鲁了。至于鲁国，虽有三家之政弊，赖有先王之遗风，礼乐尚存，多有君子之德厚。其若能行礼乐之实，还政于卿大夫，还政于国君，终还政于天子，其此一变，便至于先王之道了。"

（二十三）
子曰："觚不觚，觚哉！觚哉！"

【注解】
觚　音孤。棱也，或曰酒器，或曰木简，皆器之有棱者也。

【述要】
夫子失望道："如今之觚已无棱角，因古来制度不存所致，已非原本之觚了。唉，觚啊！唉，先王之道啊！"

"觚哉"之叹，似在其形已异，实在其本尽失。盖大本不立，物度不存，岂有众善之可观？是知夫子之言觚也，其下之意尽在先王之道。

（二十四）
宰我问曰："仁者，虽告之曰：'井有仁焉。'其从之也？"子曰："何为其然也？君子可逝也，不可陷也；可欺也，不可罔也。"

【述要】
弟子宰我问："仁者，便是虽然告知他要下井救人，他也会不顾危险、毫不迟疑以听从，是这样吗？"
夫子责备道："何以要如此表达仁呢？君子可以使其救人，却不可以陷害之；可以以仁之理由予以欺骗之，却不必以如此歪理予以诬损之。哦，下井救人便是仁者，不下井救人便不是仁者，岂能有如此之说呀！"

仁者，必有可行也，若无可行，必不可以为仁矣。

（二十五）
子曰："君子博学于文，约之以礼，亦可以弗畔矣夫！"

【注解】
文　凡能修明性命、饶益政教者。○
约　要也。
礼　凡能解达事体、整齐次序者。○
畔　背也。
夫　音扶。

【述要】
夫子道："天垂丽象，而圣人约取以为天文，地呈荣姿，而圣人简择以为地理，圣人俯仰之间，已有天道之与从。而'天生烝民，有物有则，'其物则为万物，其则则为天道。圣人以天道设为文教，其言富而有《诗》、《书》、《礼》、《乐》、《易》，其行约而有典章制度，遂使天下文明具备。君子唯求文献典籍以博学，多从贤者以叩问，则可顺从圣人文教而不背，赞从天道而为乐。天地者，乃生民之本，而天尊地卑，众星昭然有列，秩不容错，此已为人事立极。于是圣人制礼作乐，以求人伦之有序，以求人事之昌盛。故君子约之以礼，则可顺从人伦而不逆，赞从人事而为乐啊！"

（二十六）
子见南子，子路不说。夫子矢之曰："予所否者，天厌之！天厌之！"

【注解】

南子　卫灵公之夫人，有淫行。
说　音悦。
矢　誓也。
厌　弃绝也。

【述要】

　　卫灵公夫人南子有请，夫子以礼见之，子路因南子有秽闻而面色不悦。
　　于是夫子向子路发誓道："君夫人有请，若不见之，于礼何安？而不合礼，不由道，是我所否者，天亦厌之，天亦厌之啊！"
　　盖此时夫子唯勃然正色可以止子路之不悦，故夫子之矢当时也。
　　夫子见南子，礼也。礼者，诚意之使也，于贤与不肖，诚有异乎哉？礼有异乎哉？无论贤与不肖，诚其终始，礼无异也！

（二十七）

子曰："中庸之为德也，其至矣乎！民鲜久矣。"

【注解】

中　无过无不及之名也。
庸　平常也，用也。○
至　极也。
鲜　少也。

【述要】

　　夫子道："天道与之万物，何尝有过？又何尝有不及呢？

故天道取中而立，取中为用，其号为中庸，被万物而为德，故其德至深至广，至大至纯啊！而人之为德，盖天道之以为效，中庸之以为用，唯无过亦无不及，可以行深用远，含弘光大，而一至于善，一至于美啊！中庸之于人，最为宝贵，也最为平常。可惜，少有人能持以恒之啊！"

中庸存乎性命之正，虽言人人具先天性命之正，而其后天习气所偏，往往难恒其正，以致中庸鲜久。唯圣人好学不倦，亲乎道善而恒持其正，终无习染而中道未离也。

（二十八）

子贡曰："如有博施于民而能济众，何如？可谓仁乎？"子曰："何事于仁，必也圣乎！尧舜其犹病诸！夫仁者，己欲立而立人，己欲达而达人。能近取譬，可谓仁之方也已。"

【注解】

博　广也。

仁　功德已成之谓也。○

乎　疑而未定之辞。

何事　何止于所关乎之事。○

圣　成仁之谓也。○

病　力有所不足也。○

立　身心有德让礼容之修。○

达　事功有贤能忠良之显。○

譬　相匹以喻之。○

方　法也，道也。○

【述要】

弟子子贡说："博施惠利于民，遂而广济众生，此等之人如何？可称仁吗？"

夫子道："何止于仁之事了！此必为成仁之圣人啊！便是尧舜犹有所担心不足以为之啊！仁者，欲自立身，而求树立他人，欲自达业，而求他人亦达。能就己之所欲而近取他人相匹以喻之，可称是为仁之方了。"

仁有大者，为圣也，为博施广济也。而何能将远博施？唯从能近取譬也；而何能近取诸譬？唯从己欲立达也，此渐进之功乃为仁之方也。若躐等之而好大，则无有仁道之可述，子贡问仁而欲从其大，而夫子已劝慎其始也。故何必曰博施能济之圣，然后可以为仁？近譬推己之为仁，只一念之间，何其易也！

述而篇

述而第七

凡三十八章

（一）

子曰："述而不作，信而好古，窃比于我老彭。"

【注解】

述 夫子既受天命以申先哲之言，以陈先王之道，但循之而不改，复删《诗》、《书》，定《礼》、《乐》，添十翼以传经。〇

作 昌言之兴立，彝则之创始也。〇

信 合于性，合于情，合于心，合于理也。〇

好 专也。〇

古 先王之道。〇

窃比 尊之之辞。

老彭 商贤大夫。

【述要】

　　夫子道："先王代天道而作言，为人世而立极。故于先王之道，唯传述其旧言，称述其理要，而无需新作；于古圣先贤，唯笃信而好学。殷商大夫老彭盛有此德，我常私下自比于他呢。"

　　先王之道虽旧而新，虽微而著，虽言少而理备，虽古典而可永为今之大用。若夫子不信不好，何以有典籍之存全！夫子不述，何以有王言之显白！故夫子传述之功可等量于作者，齐观于先王也！

　　而若先王之道非合天道，夫子何能天生信之，君子何能闻而信之。盖人之性命自天，自能合于先王之道也，此合处

即为信也。因起信而好学，因好学而愈加深信，是以学问之道唯信而入，唯学而深也。

（二）
子曰："默而识之，学而不厌，诲人不倦，何有于我哉？"

【注解】
识　记也。
学　经艺之习，仁智之得也。○
诲　祛邪之诚，性情之正也。○

【述要】
　　夫子道："于先王之道，能恭默而记识于心，好学而不厌于知，诲人而不倦于行，这于我有何困难呢？"
　　夫子之言非是自许，凡志道者皆如此。

（三）
子曰："德之不修，学之不讲，闻义不能徙，不善不能改，是吾忧也。"

【注解】
德　道之实也。○
学　德之进也。○

【述要】
　　夫子劝诫道："德之不修，积久而失德；学之不能讲习务明，积久而失道；闻义不能趋赴，积久而失义，又为失仁。此诸多不善而不能及时改之，积久必成恶了，这是我之所忧了!"

修德讲学,徙义迁善,乃君子之时务也;反之不为者,不唯夫子忧之,亦为君子之大患也。

(四)
子之燕居,申申如也,夭夭如也。

【注解】
燕居 闲暇无事之时。
申申 其形泰也。〇
夭夭 其色愉也。

【述要】
夫子平日闲居无事,若乔木之申申,泰然自若而形意俊爽;又若春桃之夭夭,恬然自适而容色奕明。
申申而见夫子理气之充也,夭夭又见夫子心神之畅也。

(五)
子曰:"甚矣吾衰也!久矣吾不复梦见周公。"

【注解】
周公 姓姬名旦,为文王四子,武王之弟,有辅成武王伐纣之功,因其采邑在周,爵为上公,故为周公,又为鲁之始祖。周公制礼作乐而为夫子所尊从。〇

【述要】
夫子伤感道:"我真是年岁老了!竟许久不复梦见周公了!"
夫子深志于周公之道,夜以继日,昼夜不息,老而不复

梦见，竟至于感伤！

（六）
子曰："志于道，据于德，依于仁，游于艺。"

【注解】
志　心之所之之谓也。
道　人伦日用之间所当行者是也。
据　执守之意。
德　得也；得其道于心而不失之谓也。
依　不违之谓。
仁　私欲尽去而心德之全也。
游　玩物适情之谓。
艺　则礼乐之文，射、御、书、数之法，皆至理所寓，而日用之不可阙者也。

【述要】
　　夫子道："道其从来自有，物之本末，事之终始，道无不弥漫其中而流行不息。其潜声匿迹以运万物，遂成宇内之广大无穷。天之道，先王之道，君子之道，其名虽殊而其实无二。故君子不志于道，则不能成君子，不能追先王，则不能从天而没。
　　君子既许于道，言行无不从道。其时时从道之言而存德，其时时从道之行而养德。德有存养而身修，德有积固而志坚。故君子据于德而德行不失，行于深而道心不移。
　　道德之进，累于日月之功，遂使其心纯然而善，其性皎然而洁。自是私心退尽，已见仁性之昭章。故君子依于仁，其行无不中道合德，无不从善而赞化啊！
　　君子学有余力，行有闲情；而六艺之游，其小可以体物以适情，其大可以观事以任用，其驰可以为文事，其张可以成武备。故其在我为游娱，在邦则可以为治理。故君子何不游于艺，其中之义岂有小大之分？天下之大，天下之事，君子无不可以从容而游，从容以治啊！"

（七）
子曰："自行束脩以上，吾未尝无诲焉。"

【注解】
自行束脩 束脩，成束之脯，可为拜师之礼，能自行者，年十五而可以拜师入学之谓。此论年岁多少，不论束脩有无。○

【述要】
　　夫子道："能自行束脩拜师之礼，年满十五以上者，其愿来学，我未尝不倾心以教诲之。"
　　君子年方十五，筋骨强固，意气风发，已能听师者进劝，初明义理，高兴议论，正是志学之时，亦似夫子当年。是以圣人之教，岂有失机！
　　而自行束脩以上，无论其贵贱高下、长幼尊卑，无辨其智识深浅、德性明暗，自怀诚而来学者，夫子未尝无诲焉；但见孔门已开广大，将接化于无穷矣！

（八）
子曰："不愤不启，不悱不发，举一隅不以三隅反，则不复也。"

【注解】
愤 心未开而不满。○

启　谓开其心。〇
悱　意欲达而有兴。〇
发　谓达其意。〇
举　示也。〇
隅　角落。〇
反　应也。〇
复　答也。〇

【述要】
　　夫子道："不志愤求通，便不能启开心智；不心悱欲达，便不能发露灵思。而若示之以事理之一面，其人心志不能愤悱而举事理之其他方面以回应，可暂不必回答他之所问了。"
　　愤悱启发方能为学，不能为学，何须作复。举一隅是师者启发于我，三隅反是我自愤悱而能启心发智，故启发在师，亦在我也。

（九）
子食于有丧者之侧，未尝饱也。子于是日哭，则不歌。

【注解】
哭　谓吊哭。

【述要】
　　夫子若于有丧者之侧而进食，未尝能饱；若夫子于某一日哀哭，此日便不复有歌。
　　众生一体，众心一仁。夫子以哭接人之哀情，以歌扬人之美善。虽接物之不同，皆有益于仁厚之长养也！

(十)

子谓颜渊曰:"用之则行,舍之则藏,唯我与尔有是夫!"子路曰:"子行三军,则谁与?"子曰:"暴虎冯河,死而无悔者,吾不与也。必也临事而惧,好谋而成者也。"

【注解】
军　万二千五百人。
暴虎　徒搏。
冯河　徒涉。
惧　谓敬其事。
成　谓成其谋。

【述要】
　　夫子对弟子颜回道:"用我,我则行先王之道,舍我,我则藏道于心,盖唯你我能同此行藏吧!"
　　弟子子路说:"若夫子率行三军,那谁与同行呢?"
　　夫子道:"暴虎徒手以搏,临河徒身而涉,这般死而无悔之人,我不会与之同行的;所与同行者,必为临战事而惧慎,好谋深思而成事者。"
　　惧慎之,谋成之,盖战事之临有邦国存亡之虑,而邦国存亡之虑,则必有仁智存焉;因此而知,夫子于子路之言重,是劝其归勇于智,归智于仁也!而仁与智,岂非先王之道?故而又知,能与夫子者,必与先王之道也!

(十一)

子曰:"富而可求也,虽执鞭之士,吾亦为之。如不可求,从吾所好。"

【注解】

求　己愿也。○

【述要】

夫子道:"富贵虽人人之所欲,且有可求之道,而得之与否在命,故富贵非人人之可求。富贵而可求,虽为执鞭驾车之微职,我亦愿为;富贵若不可求,我则顺安于先王之道,此乃我之所好。"

夫子一生未求于富贵,知夫子之好不在富贵。

(十二)

子之所慎:齐,战,疾。

【述要】

夫子平生有三事谨慎:一是斋戒。将祭于神明,存思不能不慎;二是战阵。将定国家存亡,兵算不能不慎;三是疾患。将任孝爱道行,保身不能不慎。

(十三)

子在齐闻韶,三月不知肉味。曰:"不图为乐之至于斯也!"

【述要】

夫子于齐国听闻帝舜之《韶》乐,至美之音,至善之德,充盈于心胸,竟三月不知肉味,于是欣喜而叹道:"帝舜顺乎天地之道,顺乎人世之情,以心中流动之音,合思合律以制乐;又以音乐感动生民,继而广博其心,易良其情,以助成生民之教化。帝舜《韶》乐之美善竟至于如此之境,我未曾虑及啊!"

肉味只口舌一时之享,乐乐是身心长久之受,故乐之益教,夫子深信之。

(十四)

冉有曰:"夫子为卫君乎?"子贡曰:"诺。吾将问之。"入,曰:"伯夷、叔齐何人也?"曰:"古之贤人也。"曰:"怨乎?"曰:"求仁而得仁,又何怨。"出,曰:"夫子不为也。"

【注解】

为　犹助也。
卫君　出公辄也。
诺　应辞也。
伯夷、叔齐　孤竹君之二子。
怨　犹悔也。

【述要】

弟子冉有问:"夫子会出力相助出公,而拒纳出公之父蒯聩回国为君吗?"

子贡说:"好,我当问于夫子。"于是子贡入堂请教夫子:"伯夷、叔齐是怎样之人呢?"

夫子道:"是古之贤人啊!"

子贡说:"他们让国而逃,后又谏武王伐纣。武王不听,于是耻食周粟,饿死于首阳山,因此而有怨恨吗?"

夫子道:"伯夷尊父命而让叔齐,叔齐重天伦而让伯夷,最终二人相偕而逃,后又不食周粟,是求仁啊!于首阳山采薇而食,能独善其身,是得仁啊!虽饿死又有何遗憾呢?"

子贡揖拜而出,告知冉有说:"为出公而拒纳蒯聩,夫子当不会如此而为了。"

夫子既许伯夷叔齐之让国，又岂能许出公之窃国哉？而子贡善问，亦见其贤也。

（十五）

子曰："饭疏食饮水，曲肱而枕之，乐亦在其中矣。不义而富且贵，于我如浮云。"

【注解】
饭　食之也。
疏食　粗饭也。
乐　心之在道也。○
不义　损仁之行也。○
浮云　漂浮无根，散合不定，适可以远观，而无所据其实也。○

【述要】
夫子道："疏食粗饭，白水而饮，曲肱弯臂作枕以小息，乐已在其中了！不义而富且贵，于我若天边浮云！"

夫子之心在道，不以疏食白水为苦；而心之在道，岂有不义之能容？

（十六）

子曰："加我数年，五十以学《易》，可以无大过矣。"

【注解】
易　日月经行、变化、往复之无穷也，盖唯如此而能存乎大道，故先哲合日月以称易。此谓《易》书。○
过　仁智方离，时位已错。○

【述要】

　　夫子晚年感慨道："天地有不易之道，籍万象以变易无穷，虽变易无穷，其至大之道却简易无华，唯贤圣之人可以感通而知。先王伏羲天纵英明，妙思允神，归纳万象而画八卦，是乾、坤、巽、震、坎、离、艮、兑，相应为天、地、风、雷、水、火、山、泽。而文王演之以为六十四卦，成《周易》之书。其所谓者，八卦相荡，郁起乾坤之万象，卦爻互推，丕显天地之常经。读《易》可以发人神思，合阴阳消长之理而不昧，明进退存亡之机而不惑。若天能假我数年，早从知命之年而能学《易》，后来之过便能减少了吧！"

　　《易》之卦爻演秘，象象属辞，所欲教人者，无过而已矣。

　　史载夫子晚年喜《易》，有"韦编三绝"之美谈。以夫子之好学，学《易》不当为晚，所以然者，青壮时或未能见及此书，晚年方遇，而其何言五十而学？盖《易》出圣智，其协理阴阳而大道备极，学者不能不知，而《易》道法天，贯通人事，其中曲隐反复、深机密奥，非知命之年，沧桑尽阅之后，不能通观彻悟。诚然，学者未尝不能早学，而领悟须待人世之历，际天人之会也。又以夫子之仁智，五十而学《易》，虽亦曰学，实多与古圣相参印证，否则夫子何能添十翼于《易》也，是以夫子不学《易》亦未必有大过也，而夫子尚且自言学之可无大过，可见《易》道广大，赅极人天，其劝学者于《易》之研读可谓殷切！

（十七）

子所雅言，诗、书；执礼，皆雅言也。

【注解】

　　雅　常也，正也。○

【述要】
　　夫子之时，视西周官方用语为雅正规范之言，故夫子讲授《诗》、《书》，所用之言皆为雅言，至于夫子平素执职相礼，所用之言亦皆雅言。雅言乃天下之通言，而《诗》、《书》为天下之通学，礼制为天下之通用，不以雅言，盖不能通情交往，布道于天下。

（十八）
叶公问孔子于子路，子路不对。子曰："女奚不曰，其为人也，发愤忘食，乐以忘忧，不知老之将至云尔。"

【注解】
叶公　楚叶县尹沈诸梁，字子高，僭称公也。
忘食　志于道者，必有愤悱之俊发，欲罢而不能。○
忘忧　得于道者，必有悦乐之长享，思忧则无暇。○

【述要】
　　叶公问子路夫子如何？子路不知如何作答。
　　夫子知后道："你如何不言，我虽不知他如何？却知他于圣人之学，发愤忘食，于先王之道，乐以忘忧，不知老之将至，如此而已，不是嘛！"
　　夫子所欲示人而劝人者，必以道，亦必以学也！

（十九）
子曰："我非生而知之者，好古，敏以求之者也。"

【注解】
敏　速也，谓汲汲也。

【述要】

　　夫子道："我非生而能知先王之道，只是好古不疑，敏以求之而已！"

　　人之好古不疑则已近道，敏以求之而后可以成道。

（二十）
子不语怪，力，乱，神。

【述要】

　　语怪异之象，则多荒诞不经；语力暴之施，则多残酷不仁；语乱悖之举，则多犯上不礼；语神迹之显，则多虚妄不实。故怪、力、乱、神者，夫子不语。

（二十一）
子曰："三人行，必有我师焉。择其善者而从之，其不善者而改之。"

【注解】

三人　言无需人众。○
师　可学习、领悟、反省之处。○

【述要】

　　夫子道："三人行，其中必有我可师之处。其为善者，则为正面之师，我择善而遵从；其为不善，则有反面之诫，我见不善而内自省过。"

　　无论人或事，但能教我以道，省我以德者，皆可向师之，或学习，或领悟，或反省；是故圣人无常师，唯大体之识而能从善如流也。

（二十二）
子曰："天生德于予，桓魋其如予何？"

【注解】
德　义当行道也。○
桓魋　宋司马向魋也。出于桓公，故又称桓氏。魋欲害孔子。

【述要】
　　夫子道："天既生我，并予我行道之德。我之命当在天下，不在一人之手，司马桓魋会将我如何呢？"
　　既承天命，生则为弘道，死则为殉道，则"其如予何"之辞，是夫子死生之坦然无惧也！

（二十三）
子曰："二三子以我为隐乎？吾无隐乎尔。吾无行而不与二三子者，是丘也。"

【注解】
我　一生心思身相之所汇。○
行　喜怒哀乐之情、语默动静之状。○
与　示现也。○

【述要】
　　夫子道："诸位以为我有所隐匿而不倾心以授吗？我无所隐匿呀，我之一生行历皆与诸位同在，诸位所见所闻，便是我了。"
　　天有何隐？天道昭昭然裹人于深邃之中，罔者虽昼夜在天，何曾得闻天道，而圣人于俯仰之际，已欣然得之于道，其言其行皆允为天道之流也，其情其状皆符为自然之象也。圣人又有何隐？达者以为无隐，而未达者以为有隐耳。

我无所隐，则我无所不能示现。然我之心思也密，我之身相也繁，密或有私隐之难言，繁或多鄙劣之不示，故我之言行，掩私藏劣者往往有之。而圣人心体修明，其心思虽密，无有容私之隙，其身相虽繁，无有失礼之过，坦坦然磊落光明，故其能无所隐，亦无所不可示于人也。无所隐者，其不为圣人乎？

圣人既无私劣，其所示现者无非良知良能；而良知良能不为私德，乃人人具之，用之无不广益于天下，故以良知良能为我者，不为小我，但有天下之大，既有天下之大，又岂是我哉？故圣人所谓我无所隐，是其无我也。既其无我，故未至于仁而小我者莫能识其全。

（二十四）
子以四教：文，行，忠，信。

【注解】
文　心体之修明。○
行　事功之累积。○
忠　我之所应竭尽于人。○
信　人之所能端赖于我。○

【述要】
夫子以四项教人：文、行、忠、信。

夫道其现象为文，圣人约之以为文章，故文乃道之所载；夫子教人以文，其文为圣人之文章，亦复为先王之道也。

无德何以能行？有德之行方为君子之行，而君子之行，又需具礼以约之。故夫子教人以行，其既为德行，又为礼行。

忠无二志，是在去私之后，去私而有仁存，故夫子教人以忠，不亦为存仁之教？

至于信之为教，固从心实。若内心无义，则何能信实于心？又何能建信于人？故夫子虽教人以信，教下必有义从。

再者，夫子之教岂无智之为用？智为心明，无智何以施教，无智何以受教，故心智之运，贯乎夫子之教也。

上述则大概已知，夫子虽简言四教，而君子之道，所谓道、德、仁、义、礼、智、信，尽在其中矣！

又或可言，文、行、忠、信，岂不谓文修而后行事，行事方需忠恩，忠恩而能建信，建信而后能成事矣。此间已见规模大备，君子之务莫不在此范围。夫子何以仅言四教？盖能知其原委矣。

（二十五）
子曰："圣人，吾不得而见之矣；得见君子者，斯可矣。"

【注解】
圣人 神明不测之号。其初为君子，唯其能齐贤向圣而学，终能返于性天而上达于天道之圣；其既可守仁德而独善，又能广行王道以济世，弘开礼乐以化天下。○
君子 有恒于圣人之道者。○

【述要】
夫子道："尽仁尽义、尽善尽美之圣人，我不得而见，得见效法圣人之君子而向学，这便可以了！"

不能效君子者，何以效圣人？必欲见圣人而后可以学者，是自欺欺人也。

（二十六）

子曰："善人，吾不得而见之矣；得见有恒者，斯可矣。亡而为有，虚而为盈，约而为泰，难乎有恒矣。"

【注解】
善人　行仁而有善成者。○
恒　行仁之不懈。○
约　束也。为私欲所缚而不安。○
泰　遗脱私心而安。○

【述要】
　　夫子道："行仁之善者，我不得而见，得见行仁有恒之人而思齐，这便可以了！无有恒之心而自以为有，志气虚浮而自以为盈实，内心困约而自以为安泰，此皆难乎有恒于仁了！"
　　有恒者未必成仁，而成仁必在有恒也。而何为有恒？有仁心之守，盈志气之实，无私利之束而处身泰然者也。

（二十七）

子钓而不纲，弋不射宿。

【注解】
纲　以大绳属网，绝流而渔者也。
弋　以生丝系矢而射也。
宿　巢中宿鸟。○

【述要】
　　夫子时处清贫，或补饮食而时有垂钓，或资家用而时有弋射。然未曾见其张网于川，亦未曾闻其射宿于林也！

盖川林鱼禽之富乃百姓日用之资也,不可或缺,若能节用而时取,不以逞欲而滥杀,则仁义不废,而有川林富利之长保。然网无漏鱼,宿有归鸟,必若张网射宿,是绝鱼禽而逞私欲也,此与物情不谐,亦于仁义有亏,自为夫子不取也!

(二十八)
子曰:"盖有不知而作之者,我无是也。多闻,择其善者而从之,多见而识之,知之次也。"

【注解】
识　音志。
次　及也。○

【述要】
　　夫子道:"或许有不了解先王之道而妄作者,我不是的。多闻于当代贤者,择其中善者而从学,多览于遗存典籍,择其中善者而记识,便能渐次而至真知灼见了。"
　　先王之道正大光明,无有曲隐,有善济天下之能,作者不能不知;不知而妄作,是陷天下于不明,过莫大焉,故为夫子所戒慎。

(二十九)
互乡难与言,童子见,门人惑。子曰:"与其进也,不与其退也,唯何甚。人絜己以进,与其絜也,不保其往也。"

【注解】
互　人名。未详。○

乡　通向。○
絜　修治也。
与　许也。
保　抱也。○
往　前日也。

【述要】
　　有名互者，一向难与言学言善，有童子引见于夫子，弟子门人不解？
　　夫子道："可以与他人共进于善道，而不与他人退为不善，这样有何过分呢？为人若能修身洁己以进善道，也应赞许他人之修洁，不必紧抱他人以往而不放啊。"
　　为学即时，善莫大焉。虽其往不絜，一旦怀诚有学，学知其失，去其不絜而还其絜，复怀人性之美善，欣可与之共进，此不亦为善乎？
　　夫子胸襟宽博，本愿无量而有容不絜，既其德法自信，何人而不可接也！

（三十）
子曰："仁远乎哉？我欲仁，斯仁至矣。"

【注解】
仁　心之体也。○

【述要】
　　夫子道："仁远在他方吗？仁本在我，不在人，仁本在内，不在外，仁就在我心啊！故我欲仁，这仁便已在了，何远之有呢？"
　　仁而可欲，故不为远，唯其可欲，故能行之。

（三十一）

陈司败问昭公知礼乎？孔子曰："知礼。"孔子退，揖巫马期而进之曰："吾闻君子不党，君子亦党乎？君取于吴为同姓，谓之吴孟子。君而知礼，孰不知礼？"巫马期以告。子曰："丘也幸，苟有过，人必知之。"

【注解】

陈　　国名。
司败　　官名，即司寇也。
昭公　　鲁君，名裯。

【述要】

　　陈国司寇问夫子："鲁昭公知礼吗？"
　　夫子道："知礼。"夫子作揖而退。
　　司寇又揖请夫子弟子巫马期进见，说："我听说君子不党同匿私，君子也因党偏私吗？鲁君娶吴国女子孟姬，因鲁与吴皆为姬姓，故而鲁君所娶是同姓之女。《礼》书言不娶同姓，鲁君怕国人非议，称孟姬为孟子，国人讥称为吴孟子。如鲁君这般而称其知礼，那谁又不知礼呢？"
　　巫马期以司寇所言以告夫子。
　　夫子道："我也有幸，如有过错，他人必以告知！"
　　夫子何尝不知鲁君失礼，而君臣之礼，尊上为先。夫子为鲁君讳，代其君受过而不为辩，此乃夫子之所以为夫子也！

（三十二）

子与人歌而善，必使反之，而后和之。

【注解】

歌 声和律吕以长咏贤圣之言。○
善 为歌之美善所感而心悦。○
反 复也。

【述要】

　　夫子与他人同歌，唱到动情之处，必会烦劳他人复唱，而后与之唱和。

　　夫子何以请善歌者复唱，然后和之？盖和美之音起，当下即有教化之流行，闻者莫不载歌而乐，中乐而和也。何以如此？是因善端存乎人性，为人人所有，歌之美善能动人心魄，闻者无不悦乐，此歌者闻者间之相善之功，不亦为民风善化之始乎？可见夫子行教亲切而易行也。

（三十三）

子曰："文莫，吾犹人也；躬行君子，则吾未之有得。"

【注解】

莫 通谟。○
犹人 言不能过人，而尚可以及人。

【述要】

　　夫子道："于典章制度之了解、于国事谋谟之定策，我差强能及他人；至于躬行君子，那我还未能有得呢。"

　　夫子之意是君子之行胜于文莫之能，而为政以德胜于才具谋略之用也。

（三十四）

子曰："若圣与仁，则吾岂敢？抑为之不厌，诲人不倦，

则可谓云尔已矣。"公西华曰："正唯弟子不能学也。"

【注解】
圣　昌言天道人道，永为师表也。○
仁　尽道也。○

【述要】
　　夫子道："若说成仁成圣，则我岂敢？若说躬行仁道而从不厌足，教诲他人而无有倦意，我则可以说能如此吧。"
　　弟子公西华说："这正是弟子所不能学啊！"
　　夫子之所以不掩其为学之乐、诲人之勤，盖君子之成在学，教化之成在诲，夫子欲人人起而效之。而君子之成、教化之成，亦为圣与仁之成也。
　　夫子自不言为圣与仁者，他人如何知之？盖仁为天性，人人有之，故仁者之仁，他人如何不知也？至于圣者，君子得其教则明，失其教则暗；百姓得其化则温厚，失其化则险薄；邦国得其道则昌，失其道则亡。自夫子之后，莫不有事实存焉，他人又如何能不知也。
　　夫子尚不自言圣与仁者，若后世有自言其为圣与仁者，其不为行诈乎？

（三十五）
子疾病，子路请祷。子曰："有诸？"子路对曰："有之。诔曰：'祷尔于上下神祇。'"子曰："丘之祷久矣。"

【注解】
祷　谓祷于鬼神。
有诸　问有此理否。
丘之祷　夫子平素行止有礼而不失敬。○

【述要】

　　夫子病重，弟子子路请代为祈祷。

　　夫子道："有此理吗！"

　　子路回答说："有啊。悼念之诔文有言：'为病者祈祷于天地神祇。'"

　　夫子道："那我于祈祷已许久了。我历来之起居行止皆不敢违礼，皆愿求合于神明啊！"

　　夫子无时不祷，子路应急而祷，其间诚有差异，福自不同。

（三十六）
子曰："奢则不孙，俭则固。与其不孙也，宁固。"

【注解】

孙　　顺也。

固　　陋也。

【述要】

　　夫子道："作风竞于奢侈，久而易失逊让，行事务求于俭，久而易成固陋；与其不逊而伤德伤人，不如固陋而仅损于己。"

　　夫子尝言："礼，与其奢也，宁俭。"何以哉？此章盖是夫子自解之辞也。

（三十七）
子曰："君子坦荡荡，小人长戚戚。"

【注解】

坦　　平也。

荡荡 宽广貌。
戚戚 忧迫貌。

【述要】

夫子道:"君子循道而贵无私,胸怀自然坦荡宽博;小人求利而重私欲,心思长为麎迫忧戚。"

坦荡则阳舒,长戚则阴惨,故修养不同而有身心状况之不同。

(三十八)
子温而厉,威而不猛,恭而安。

【注解】
温 圣人性命精纯,自有仁情之流溢。○
厉 严而不苟;又通砺,砥砺也。○
威 尊严之如。○
猛 凶暴之谓。○

【述要】

夫子仁情温厚,故能宽缓柔和,而其道德方直,光明丕显,足以严肃人心,砥砺后进;虽自有贵重之尊,难犯之威,却无凶暴之气以凌人;唯其待人恭谦有礼,仪容舒泰自适而能安人。

泰伯篇

泰伯第八
凡二十一章

(一)
子曰:"泰伯,其可谓至德也已矣!三以天下让,民无得而称焉。"

【注解】
泰伯 周大王之长子。盖大王三子:长泰伯,次仲雍,次季历。大王之时,商道寖衰,而周日强大。季历又生子昌,有圣德。大王因有翦商之志,而泰伯不从,大王遂欲传位季历以及昌。泰伯知之,即与仲雍逃之荆蛮。于是大王乃立季历,传国至昌,而三分天下有其二,是为文王。文王崩,子发立,遂克商而有天下,是为武王。夫以泰伯之德,当商周之际,固足以朝诸侯有天下矣,乃弃不取而又泯其迹焉,则其德之至极为如何哉!
德 仁之实也。○
让 礼之实也,德之至也。○

【述要】
　　夫子赞叹道:"泰伯啊!可称得上至德了!不止一次让位逊国,人民无法以言语表达称赞之情啊!"
　　泰伯一为德让而存全乎孝,又助开文武之道,其仁澄澈而芳馨郁渥,永为后世楷范。既其显德性之宽博,又富乎圣人之教义,能不为夫子所赞叹!

(二)
子曰:"恭而无礼则劳,慎而无礼则葸,勇而无礼则乱,直而无礼则绞。君子笃于亲，则民兴于仁；故旧不遗，则民不偷。"

【注解】
恭　身容之肃。○
礼　仪表由衷。○
劳　辛勤而寡功。○
慎　人事之谨。○
礼　言行中节。○
葸　勉强而生惧。○
勇　仁义之好。○
礼　行恕唯道。○
乱　背理而失次。○
直　理正之见。○
礼　晓喻有方。○
绞　困处而抑志。○
君子　谓在上之人也。
亲　父子、兄弟之属。○
兴　感激而起意也。○
故旧　上下、朋友之属。○
偷　德薄也。○

【述要】
　　夫子道："貌恭而无礼，于表里不一，则辛苦空劳；谨慎而无礼，于进退失据，则思繁色惧；好勇而无礼，于伦次不循，则鲁莽及乱；率直而无礼，于世情不通，则缠缚自绞。故君子于父子、兄弟皆能相接有礼而笃亲，则仁爱之风所披，人民莫不依仁而兴德；于属僚、朋友皆能照应有礼而不遗，则道义之声所及，人民莫不循义而重节，岂有偷薄之存焉？

如此治下之风俗则归于淳厚了。"

盖礼为德行之节文，君子之德无不藉礼以表之，而君子之志亦无不藉礼以行之。

（三）

曾子有疾，召门弟子曰："启予足！启予手！诗云：'战战兢兢，如临深渊，如履薄冰。'而今而后，吾知免夫！小子！"

【注解】
启　开而有所示教也。○
诗　《诗经·小雅·小旻》之篇。
战战　恐惧。
兢兢　戒谨。
小子　门人也。

【述要】
　　曾子病重，召唤门弟子说："让你等看看我之足、我之手，看看手足还完好无损否？《诗经》上言：'战战兢兢，如临深渊，如履薄冰。'从今而后，我已知我之所以能一生免于祸乱、免于刑戮而保全手足，是因为没有违背《诗经》此言之训诫啊！诸位，你们知晓了吗？"
　　一念不及仁，或坠深渊，或裂薄冰，唯战战兢兢以存全乎仁而能免之。曾子能启手足而示善终，可见其未害于仁义也，而仁义之不害，乃君子平生基本之功也。

（四）

曾子有疾，孟敬子问之。曾子言曰："鸟之将死，其鸣也哀；人之将死，其言也善。君子所贵乎道者三：动容貌，斯远暴慢矣；正颜色，斯近信矣；出辞气，斯远鄙倍矣。笾豆之事，则有司存。"

【注解】

孟敬子 鲁大夫仲孙氏，名捷。
言 自言也。
暴 粗厉也。
慢 放肆也。
信 实也。
辞气 言语之声气也。○
鄙 凡陋也。
倍 与背同，谓背理也。
笾 竹豆。
豆 木豆。
有司 专职之吏。○
存 备问也。○

【述要】

曾子病重，鲁国大夫孟敬子前来探问，并问如何为君子？

曾子对他说："鸟之将死，其鸣声也哀痛，而人之将亡，其所言也良善啊！君子所贵之道有三：一是容貌身形动静，皆能合于礼，这已远离粗暴傲慢了；二是颜色神情端正，皆能敬于事，这已近于诚实有信了；三是辞令辞气和出，皆能中于理，这已远离鄙陋悖乱了。至于宗庙祭祀，笾豆如何陈设之事，则可向有司问明吧。"

将亡者已无利害之缠缚，往往良知见露而其言也善。从曾子之言可知，具体或可问于他人，而修养在己；欲为君子者，重在修养，修养之余，方论才具。

（五）

曾子曰："以能问于不能，以多问于寡；有若无，实若虚，犯而不校，昔者吾友尝从事于斯矣。"

【注解】
校　计校也。
友　颜渊也。○
斯　上述之德。○

【述要】
　　曾子说："领悟高明，却能请教于普通之人，学问渊博，却能下问于平凡之友；多才多能，却似寡才少能，学问充实，却似虚器以待，虽遭凌犯而不计较。往昔我有好友颜子曾从随于如此境界而为人用事啊！"
　　谦下而多让者，其必有仁德之厚，于修养、学业、事功无有不利。

（六）

曾子曰："可以托六尺之孤，可以寄百里之命，临大节而不可夺也。君子人与？君子人也。"

【注解】
托　知其忠信无疑。○
寄　知其才德有余。○
命　国之夭寿穷通。○
与　疑辞。
也　决辞。

【述要】
　　曾子说:"可以嘱托六尺孤幼之君,忠信足以辅国摄政;可以委寄百里邦国之命,才德足以治理;面临社稷存亡,虽至于死生之际而不可夺其志;此为君子之为人吗?此乃君子之为人啊!"

(七)
曾子曰:"士不可以不弘毅,任重而道远。仁以为己任,不亦重乎?死而后已,不亦远乎?"

【注解】
士　任事以道者。○
弘　宽广也。
毅　强忍也。

【述要】
　　曾子说:"志大高尚之人,不可以不弘深宽博、强毅果敢,任重而道远。以仁为己任,必使天下归仁,其任不有泰山之重吗?有此重任之负,死而后已,其生涯不也途遥路险吗?"

(八)
子曰:"兴于诗。立于礼。成于乐。"

【注解】
兴　起也。
诗　感人心志之言也。○
礼　位之时宜也。○
乐　人之和顺于道德,和顺于人伦者也。○

【述要】

　　夫子道:"先王之道之所以为道,在于其贯通万类,而又统御万类;先王之道之所以在人,在于人能以其性情感通于万类;故而君子求道,莫不先有性情之兴,而后能感通万类,进而感通于道,求进于道而成于道啊。诗本性情,御万类以兴富其言,遂使性情敷衍于万类,齐道而并陈,诗之所在,即为道之所在;故而君子求道,必先兴于诗啊!

　　道之既求,而后求立;君子欲立于天地之间,而天地恢廓磅礴,气象万千,君子不以礼,何以俯仰其间,并秀于万物?君子欲立于人伦之间,而人伦秩序森然,错综复杂,君子不以礼,何以静动其间,优游于家邦?君子欲立于师门之前,而师门卓落高居,渊薮其内,君子不以礼,何以进退其间,徜徉于学问?故而君子求立,当立于礼啊!

　　君子志在成己,广而求成天下,而天下之成,在天下之和。先王立乐,在于感善人心以求和,人心之和即为音乐之和;天人和通,良乐可以使,君臣和敬,良乐可以使,长幼和顺,良乐可以使,父子兄弟和亲,良乐可以使,而君子和志,良乐亦可以使;故而君子以乐而和动天下,必为求成天下于乐和啊!"

(九)

子曰:"民可使由之,不可使知之。"

【注解】

由　遵章从命也。○
不可　谓不用强。○

【述要】

　　夫子道:"可使百姓由道德仁义以教化之,由礼乐制度以约束之；何以如此？实在是天道如此，天命如此啊；至于天道天命，其义深微而一时难明，不必强使百姓以求知了！"

财货生乎民力，生民辛劳可知，殆无余力涉乎王政制度之立，但求惠利之多施也。而王政制度之何以立？如何立？如何施？其不由贤圣乎？若生民力有余闲而愿学，愿知王政制度之所以然，愿学成贤圣，不有贤圣设教以传业乎？故"不可"乃夫子深知乎民而言之者也。

（十）

子曰："好勇疾贫，乱也。人而不仁，疾之已甚，乱也。"

【注解】
疾　痛怨也。○
疾　不仁者即谓其身心有疾患也。○
甚　深也。○

【述要】
夫子道："好勇而不好礼，疾恨贫穷而不由道就富，悖乱便兴作了；为人而不求仁，其身心为不仁所困而成疾，已为严重，灾乱便也不免了。"

祸乱之生，或由好勇疾贫，而其根本，在人而不仁也。

（十一）

子曰："如有周公之才之美，使骄且吝，其余不足观也已。"

【注解】
才美　谓智能技艺之美。

骄　矜夸。
吝　鄙啬也。

【述要】
　　夫子道:"如言其人有周公之美才,假令其人自恃其才而凌人以骄,且矜惜其才而不施以吝,则其人之余事便不足以观美了!"
　　才用以助仁为美。而仁之为情也温厚,无不博洽于人,使骄且吝,与温厚之浃,既无益于助仁,则无有才用之为美矣。

(十二)
子曰:"三年学,不至于谷,不易得也。"

【注解】
谷　禄也。

【述要】
　　夫子道:"为学三年,而不至于爵禄俸谷之思求,如此之人不易得啊!"
　　天之行健,恒常而不息,故恒常者,天之道也;而物欲横流,其人往往昧道而从欲,辍学而求谷,遂难有恒常之守也。

(十三)
子曰:"笃信好学,守死善道。危邦不入,乱邦不居。天下有道则见,无道则隐。邦有道,贫且贱焉,耻也;邦无道,富且贵焉,耻也。"

【注解】

笃　厚而力也。

天下　举一世而言。

【述要】

　　夫子道："笃信古人，好学不厌，守先王之道，至死方休。未受命于危邦以治危，危邦不可以入；有谏于乱邦而不听，乱邦不可以居。天下有道，必现而尽己所能；天下无道，必隐而守死善道。邦国有道而世间治，其身仍处贫贱而不能去，是不能为国所用，当为羞耻啊！邦国无道而世间乱，其身安处富贵而骄奢，是不能为国分忧，亦当为可耻啊！"

　　不有耻，不善隐见，难有善道之守也。

（十四）
子曰："不在其位，不谋其政。"

【注解】

位　礼之时宜也。○

政　事之时宜也。○

【述要】

　　夫子道："政位不同，可以定君臣上下；君臣上下既定，因其各位而营谋政事，不在其位，则不谋其政，于是政令通而邦有治。反之则君臣上下无序，政令上下不通，而致政荒国乱了。"

　　不在其位，焉识其政，则谋之何益。不唯臣位之议，诸般人事之位，皆可以此通议之。

(十五)
子曰:"师挚之始,关雎之乱,洋洋乎!盈耳哉。"

【注解】
师挚 鲁乐师,名挚也。
乱 乐之卒章也。
洋洋 美盛意。

【述要】
　　夫子自卫返鲁而正乐,鲁国遂有雅乐之重兴。其时太师挚方为初任,于是夫子赞美道:"太师挚始为乐官,鲁国有雅乐闻;雅乐雅正雍和,以《关雎》之乐为卒章,洋洋乎宽朗明媚,美盛至极,怡怡乎余音盈耳,自缭绕不去啊!"
　　雅乐有易良之质,故乐正然后夫子有行教之资也,其焉能不乐?愿天下礼乐和美,夫子将此心情以待之!

(十六)
子曰:"狂而不直,侗而不愿,悾悾而不信,吾不知之矣。"

【注解】
侗 音通,无知貌。
愿 谨厚也。
悾 音空,无能貌。

【述要】
　　夫子告诫道:"狂荡而又无爽直,侗然无知而又不愿向学,悾悾然无能而又不能信从于圣贤,我便不知如何施教,亦不知如何相处了！"

圣人亦曰不知，盖世间有深蔽难除之习，行道之艰困可知也。

（十七）
子曰："学如不及，犹恐失之。"

【述要】

夫子告诫道："人之为学，虽时时有得，而先王之道卓然至善，能得其一而难得全貌，如有不及啊！而时过境迁，又恐有失而不明啊！"

或言学若不能及于道，则一贯之不能；一贯之不能，则积学虽厚，犹恐失之通贯而反成其累。此亦近夫子之意也。

（十八）
子曰："巍巍乎！舜禹之有天下也，而不与焉。"

【注解】

巍巍　高大之貌。
舜禹　虞舜夏禹之并称也。〇
天下　疆域之广袤，王道之大行，民心之归向也。〇

【述要】

夫子赞美道："巍巍然不可及！舜禹崇高而至圣啊！舜禹以仁德治民而富有天下，又不与天下有争啊！"

与争者不过一时之利得，唯不与争而有天下之长久。

（十九）
子曰："大哉尧之为君也！巍巍乎！唯天为大，唯尧则

之。荡荡乎！民无能名焉。巍巍乎！其有成功也；焕乎，其有文章！"

【注解】
唯　犹独也。
则　犹准也。
荡荡　广远之称也。
成功　事业也。
焕　光明之貌。
文章　礼乐法度也。

【述要】
　　夫子赞美道："伟大啊！帝尧之为君！唯有天为至大，巍巍然不可及，而唯有帝尧能效法天道啊！帝尧之功德，荡荡无边，人民无法以言语赞美于帝尧。巍巍然不可及，帝尧有教成天下之大功啊！帝尧富有文章，焕然而光明，可并丽于天地啊！"
　　则天者方可以为君，则天者方可以为大也！

（二十）
舜有臣五人而天下治。武王曰："予有乱臣十人。"孔子曰："才难，不其然乎？唐虞之际，于斯为盛。有妇人焉，九人而已。三分天下有其二，以服事殷。周之德，其可谓至德也已矣。"

【注解】
五人　禹、稷、契、皋陶、伯益。
乱　治也。
十人　谓周公旦、召公奭、太公望、毕公、荣公、太颠、闳夭、散宜生、南宫适，其一人谓文母。
才 德之用也。
唐虞 尧舜有天下之号。
际 交会之间。

【述要】
　　帝舜有五人相佐：禹、稷、契、皋陶、伯益，而天下大治。
　　武王道："我有辅佐之臣十人。"
　　夫子赞美道："能用德于天下之人才难得啊！不是这样吗？唐尧虞舜交会之际，于得人才最为全盛，五人皆为社稷之臣；迨及周室，虽有治臣十人，除武王王后邑姜为一妇人之外，其实九人而已，却能分天下九州而得六州，仍以其疆域之大而服事殷之纣王，文王之德，可谓是至德至善啊！"
　　所以能以大事小，以强事弱，盖自有仁恕之关照，而非一己之逞私也。崇德者莫盛于此，重礼者莫贵于此也。

（二十一）

子曰："禹，吾无间然矣。菲饮食，而致孝乎鬼神；恶衣服，而致美乎黻冕；卑宫室，而尽力乎沟洫。禹，吾无间然矣。"

【注解】
间 罅隙也。
菲 音匪，薄也。
致孝 享祀丰洁。
鬼神 天地之精，造化之用也。○
衣服 常服。
黻 音弗，蔽膝也，以韦为之。

冕 冠也，皆祭服也。
沟洫 田间水道。

【述要】

　　夫子赞美道："帝禹之为君，我毫无缺憾可指啊！帝禹于己饮食菲薄粗劣，而能以丰洁之美食，致孝于鬼神；于己衣服恶敝不堪，而能以黻黼之美、冠冕之盛，致祭于先祖；于己宫室卑鄙简陋，而能合民众之意，尽力于国中沟洫之疏。帝禹之为君，我毫无缺憾可寻啊。"

　　往圣昌言，先王事迹，唯其可述，故而夫子述之；唯夫子述之，而成先王之道也。

　　卑己以尊神，畏天命也，卑己而尊天下，畏民命也，此不为明王之资乎？

子罕篇

子罕第九

凡三十章

（一）
子罕言利与命与仁。

【注解】
罕　少也。
利　求益也，其为人之本能。○
命　接天也，其为人之本来。○
仁　爱人也，其为人之本性。○

【述要】
　　听天命，从仁情，可谓人之天禄天福，为利莫大于此。虽有大利于此，然"命"关乎人之本来，"仁"关乎人之本性，听命从仁之利在微在远，非志道者不能体察之；而"利"关乎人之本能，若其利微远，不能有一时之显著，人往往弃而舍之；而舍命弃仁，则无益于圣人之教也。故夫子就利而言命言仁，除非言之高明，否则不言。

（二）
达巷党人曰："大哉孔子！博学而无所成名。"子闻之，谓门弟子曰："吾何执？执御乎？执射乎？吾执御矣。"

【注解】
达巷　党名。
大　无私利，安天命，具仁德也。○

【述要】
　　达巷党人赞叹说:"伟大啊!孔子,学问如此广博精深,而无所需藉任何技艺以成就其英名。"
　　夫子听了不以为然,对门弟子似玩笑道:"说我无所需藉,可我还有所需藉呢,那我需藉什么呢?驾车吗?射箭吗?我在驾车呢。"
　　夫子非唯学问之博,道行之深,其事一事而有一事之能,积微而成著,他人或许未识。又执御者虽仆从于人,而车马进退操之在手,知夫子谦抑之词犹有不让之意也。

(三)

子曰:"麻冕,礼也;今也纯,俭。吾从众。拜下,礼也;今拜乎上,泰也。虽违众,吾从下。"

【注解】
麻冕　缁布冠也。
纯　丝也。
俭　谓省约。
泰　骄慢也。

【述要】
　　夫子道:"以绩麻织冠帽,合礼啊;如今众人以纯色黑丝织冠,以俭省人工,我遵从众人之意。而臣见君,先拜于堂下,再升堂而拜,合礼啊;如今众人免拜堂下,直升于堂上拜,已骄泰失礼了。虽违背众意,我亦须从堂下拜起。"
　　礼之损益何以考量?唯从俭从敬。

(四)

子绝四:毋意,毋必,毋固,毋我。

【注解】

绝　无之尽者。
意　测度而不经。○
必　期望之不改。○
固　执滞之不化。○
我　循私而不恕。○

【述要】

　　夫子杜绝四种不良习气：一是不从经向道而意以断事；二是不比义求宜而必于所期；三是不齐贤问学而固于所知；四是不推己及人而我自为私。

　　意、必、固、我，不绝者亦必自绝于道矣。

（五）

子畏于匡。曰："文王既没，文不在兹乎？天之将丧斯文也，后死者不得与于斯文也；天之未丧斯文也，匡人其如予何？"

【注解】

畏　遭围困而见危。○
匡　地名。
文　王道之显者曰文。而文王教化之迹，乃王道之显明者也，宜乎以文明谓之。○
兹　此也，孔子自谓。

【述要】

　　虽于匡地遇险，而夫子却泰然道："至圣文王既已作古，而其所遗文明，不仍在此由我继承了吗？上天若将丧失此文明，必不使后死之我得以参与此文明之继承与传扬；上天若不欲丧失此文明，匡人会将我如何呢？"

夫子不以天命自许，不以文命自任，其为圣人乎？或谓听天由命，实属无奈；然夫子知天乐命，但有任道之从容，何来无奈？或谓夫子心虚，故有此强辞；殊不知夫子性天真当，理地实际，其真实之处，盖难晓喻于疑者也！又或谓夫子自负，其言多妄；亦不知当时天下将沉溺而难反，举目无有光明可期，幸有此不世之圣，与乎王道之纯熙，其大声疾呼，有以明天下之出路，其人赫然勋伟，如何不容于论者！

（六）

大宰问于子贡曰："夫子圣者与？何其多能也？"子贡曰："固天纵之将圣，又多能也。"子闻之，曰："大宰知我乎！吾少也贱，故多能鄙事。君子多乎哉？不多也。"牢曰："子云，'吾不试，故艺'。"

【注解】

大宰　官名。大，音泰。
圣　经艺无不通也，人事无不任也。○
与　疑辞。
纵　犹肆也。
将　近乎。○
牢　孔子弟子，姓琴，字子开，一字子张。
试　用也。
艺　耕耘也。○

【述要】

太宰问子贡："夫子是圣人吗？他如何这般多能呢？"

子贡说："这固然是上天纵任并扶助夫子成圣，又赋予夫子多能啊。"

夫子道："太宰知我吗？我少时贫贱，因而多能于农桑之事、百工之技、货物之贩及各类琐鄙之差，而为君子者，这算多吗？不多吧！"

子开说："夫子曾道：'我不为世用，因而有能于耕耘种植。'"

圣人学而不厌、劳而无怨，故其多能。

（七）
子曰："吾有知乎哉？无知也。有鄙夫问于我，空空如也，我叩其两端而竭焉。"

【注解】
知　事理之通晓。○
鄙夫　解疑辩惑之不足，而昧于事理者也。○
叩　发动也，询问也。○
竭　反复以穷。○

【述要】
夫子道："我有知吗？我并未通晓一切事理呀。若有鄙夫来问疑于我，起初我亦如鄙夫一般，于此疑问空空然而一无所知，但我能就其所疑，分所谓美丑、善恶、义利两端，并于本末、终始、远近之间，予以穷诘叩问，如此反复便不难发现其中之理了。"

圣人未必全知，然圣人仁智具足，秉中和之气而有叩端之能，故其能于事理无不通达。

（八）
子曰："凤鸟不至，河不出图，吾已矣夫！"

【注解】

凤　灵鸟，舜时来仪，文王时鸣于岐山。
河图　河中龙马负图，伏羲时出，皆圣王之瑞也。

【述要】

　　夫子伤感道："凤鸟于舜帝之时，曾来仪世间，于文王之时，又鸣于岐山，而河中龙马，于伏羲之时负图而出，此皆圣王在世之瑞象啊！如今凤鸟不至，龙马不见，盖是圣王未能再世，我所秉之先王之道，真是一时无所用之了！"
　　夫子未尝不能淑世，而明王不现，夫子何以尽臣道以昌礼乐？世道之乱，堪悲于夫子！夫子已矣之叹，非为其一己之私，但为王道之零落，生民之不幸也。

（九）

子见齐衰者、冕衣裳者与瞽者，见之，虽少必作；过之，必趋。

【注解】

齐衰　丧服。齐，音咨。
冕　冠也。
衣　上服。
裳　下服。
瞽　无目者。
作　起也。
趋　疾行也。

【述要】

　　夫子见着齐衰丧服者，见戴冠冕之官贵者，见盲者，虽所见之人年少于己，必起于坐；若需经过他们，必疾步而趋前。

夫子修为见于点滴，无论少长，其礼数未尝有异。

（十）

颜渊喟然叹曰："仰之弥高，钻之弥坚；瞻之在前，忽焉在后。夫子循循然善诱人，博我以文，约我以礼。欲罢不能，既竭吾才，如有所立卓尔。虽欲从之，末由也已。"

【注解】
喟　叹声。
循循　有次序貌。
诱　引进也。
卓　立貌。
末　无也。

【述要】
颜渊喟然而叹："仰而望之，愈觉夫子高尚难及，钻而欲进，愈觉夫子坚固难入；瞻顾夫子，似在目前，却忽焉不见，夫子已悄然身后！夫子善诱弟子向进于圣人之境域，循循然而有次第，夫子如何这般善解弟子！其施教之方又如何这般善称人心啊！夫子以其齐圣之文充实于我，又以其中节之礼规范于我，欲罢不学，已无可能！既已竭尽我能，而如夫子所立之宏深大道，卓然高远之巍巍样貌，我虽欲从随其境地，仍无路可由啊！"

以颜渊之侍侧亲从，前后瞻顾，尚不能有神貌之清晰，知夫子性天既反，已与四时合其序，与鬼神合其德，故其有气象之万千；而以颜渊之三月在仁，敏而好学，亦不能仰而悉观其极，钻而悉探其微，知夫子文章既博，已至高明广大，其学问既厚，已具坚贞深密，故其有性理之无穷！至于夫子循循然善诱，其所示精神之需以文博，行止之要以礼约，则是谆谆乎有所垂训于后世，其固为何以为良师？何以为良师之教也？

（十一）

子疾病，子路使门人为臣。病间，曰："久矣哉！由之行诈也，无臣而为有臣。吾谁欺？欺天乎？且予与其死于臣之手也，无宁死于二三子之手乎？且予纵不得大葬，予死于道路乎？"

【注解】

为臣　大夫之丧，由家臣治其礼。〇
病间　少差也。
无宁　宁也。
大葬　谓君臣礼葬。

【述要】

　　夫子病重，子路使自己等夫子诸弟子为家臣，准备以大夫之礼为夫子做后事。夫子病体稍愈，责备道："竟这般久了，子路在行诈呀！我去鲁大夫之位而退为士，已无有家臣，而子路为诈，使我假有家臣，我欲欺诳谁呢？欺天吗！且我与其死于假臣之手，不如死于诸位之手吗？纵然我不得以君臣之礼大葬，便会弃而不葬，死于道路吗？"

　　纵有大葬而不欲，愿死于二三子之手，夫子情寄弟子深矣！

（十二）

子贡曰："有美玉于斯，韫匵而藏诸？求善贾而沽诸？"

子曰:"沽之哉!沽之哉!我待贾者也。"

【注解】
韫　藏也。
匵　匮也。
沽　卖也。

【述要】
　　子贡说:"有美玉于此,是置于柜中而深藏呢?还是寻求识宝之人而出售呢?"
　　夫子道:"要卖,当然要卖了!你说求售吗,我在等买者自来呢!"
　　士之待礼,犹玉之待贾;故贤者之得,若不以礼,何以尽贤者之用?

(十三)
子欲居九夷。或曰:"陋,如之何!"子曰:"君子居之,何陋之有?"

九夷　东方之夷有九种。
陋　无君子之地。○

【述要】
　　夫子称其欲往东方夷地以居。
　　有人说:"九夷偏僻,粗陋无文,夫子如何可居?"
　　夫子道:"已有君子往居,有何鄙陋呢?"
　　有君子往居,必有教化随行,地方承教随化既已,则何陋之有?

（十四）
子曰："吾自卫反鲁，然后乐正，雅颂各得其所。"

【述要】
　　夫子道："我自卫国返鲁，然后考订补阙，于鲁国之诗乐多有厘正，如今《雅》、《颂》之诗乐得以各复原貌，并能演奏于宗庙乡党了。"
　　乐正而淫声去，则民之心志不为荡矣。故雅颂各得其所，而可使人心复归于安和顺正，随之人伦亦正，人事亦正，从而有为政之善也。

（十五）
子曰："出则事公卿，入则事父兄，丧事不敢不勉，不为酒困，何有于我哉？"

【述要】
　　夫子道："欲为君子，出仕则上事公卿以尽忠；入家则奉事父兄以尽孝；遇丧事不敢不勉，效其力，又尽其礼；不为酒困而失智，时时省以自察。若能如此，凡事于我有何不能呢？"

（十六）
子在川上，曰："逝者如斯夫！不舍昼夜。"

【注解】
　　川　天道之象喻，人事之取譬也。○

【述要】

余尝考察夫子之志业，想像其平生，似与川流息息以长往，渐次川问、川尚、川竟、川迴、川自、川济、川任、川顾、川忘、川与、川新、川归，而成夫子之大观。遂陈辞曰：

川问

河水洋洋，流波照烂，有童稚与母亲歇息于川上，童稚顾川流之逝而入神，遂问母亲道："川流从何而来？何以逝不能止？昼其虽往，夜有息乎？而其滔滔不绝者，又去向何方？"母亲愁眉自顾而未应，童稚悯然。

川尚

及童稚长成少年，分母亲之忧而货贩，途中为川流之势所摄，不禁自语道："虽未知此流去向，而其昼夜之势，其何处而不能往，何处而不能至也！又未见有谁力施其中，盖其能自运其流，自成其势也！吾人生之所尚，舍此而谁向？"于是少年立志而向学，其为仲尼；《诗》《书》之闻，《礼》《乐》之习，其已为夫子矣。

川竟

夫子虽三十已有徒随。一日率众而临川，谓门弟子道："川之所以为川，而成坤壤间纵横之象，为其有水流也；其不舍川而竟川，终成川流；求为立者，何不效法于此？"

川迴

水既为川，虽有潆流洄漩之状，非为凝滞，但深蓄其势而后发；而夫子既已志道，虽有疑情徘徊之时，非为顿留，但深至其思而后进；川流之不息已成智流之长运，夫子荡惑冲疑而无学不明，无往而不适矣。

川自

时值母邦不幸，祸起萧墙，夫子为之忧患，奈何出仕无望，王道难施！而川中之流，一如既往，不为人事所扰，其为王道乎？其有沾溉天下之利而世人未识，然世人未识，又何碍其汤汤以恒流！王道之难施，盖天命之未显；瞻顾之间，夫子已循循于天命而守此道流以待时矣。

川济

才虽举用，洪范欲陈，然以夫子才德之盛，犹不免为权臣所忌，而若不容于苟且，则难免有离邦之思。乡中川流，其呜咽慰留之声，虽使夫子动容凄恻，而天下之济在此临深之渡，夫子遂绝流而远适。

川任

辗转他邦，欺慢者凌之，善谤者毁之，而困顿危厄亦常常有之，行道之为艰，遑无宁日；不有川中之流可以宽夫子之意，适夫子之情乎？若将此无言之友放任于心际，则世间丑恶虽浊，莫不可以洗濯而清，随流而逝，心处长泰而安然；于是夫子自放于川，从此耳顺安流，丑恶不侵。

川顾

秋水期至，清清以泠泠，瑟瑟以萧萧；川上又见夫子，活活水流似来叮咛，岁无停流，永为逝去！夫子听罢，临流顾影，不胜行暮之慨，但多去里之悲！既已阅世之为世，又有川流之相劝，何不今日归去！遂为接淅之匆匆，已成驰回之骎骎。

川忘

重归故里，夫子喜极而泣，乡中川流轻腾细浪，似迎迓之姿，夫子深情以驻望，似有所思道："今日迎我之流，莫非是他日送我之流，我去他邦归来，其亦周流而回，如此而言，我与川流，是川流迎我？抑或我迎川流？"一时间，夫子相忘于川流。

川与

夫子与川流岂有异乎？川流物来则鉴，色着即显，夫子过则必改，恶则务攻，皆为清也；川流万折也必东，夫子造次也必仁，皆有志也；川流遍与诸生而无为，夫子约于其身而有怨，皆为有德；川流赴险壑而无惧，夫子处危域而不惊，皆为有勇；川流也卑，夫子也谦，皆为有礼；川流渾约微达，夫子博约精通，皆为有智；川流主量必平，夫子出言必正，皆为有诚；川流潮之为汛，夫子诺之则践，皆为有信；川流以出以入，以就鲜洁，夫子以学以教，以就有道，皆有善化之功。盖夫子心之所欲，已若川流之所运，诚然已是道之大体，其悉无不备，洸洸而无穷矣！

川新

夫子遂以其道身，拣练先哲之遗萃，衮聚王道之支离，已使其族文采灼粲，万古流新。

川归

生其有命，岂无尽时，夫子亦将远去！其于弥留之际，又仿佛置身于川上，唯见长林蔼蔼，芳草茵茵，云霞丽天，祥禽往来；夫子谓川流曰："吾幼时于汝未识，今日既已相知，欲与汝相为一处，如何？"川流不语，却已听得万壑中流，欢声彻宇。

（十七）

子曰："吾未见好德如好色者也。"

【述要】

夫子道："容色为美，为人所好，而仁德亦为美，不应为人所恶，可我未见好德能如好色者呀！"

色之为美，人皆好之，而德之为美，唯贤者好之。

（十八）

子曰："譬如为山，未成一篑，止，吾止也；譬如平地，虽覆一篑，进，吾往也。"

【汪解】

篑　土笼也。

【述要】
　　夫子道："譬如以土堆山，虽仅一篑之差而未成，若此时不进而止，我则止而功亏不成了；又譬如以土平地，虽再一篑之覆而能平，若此时进而不退，我则往而功成事遂了；止进在我，败成亦在我啊！"

（十九）
子曰："语之而不惰者，其回也与！"

【注解】
惰　懈怠也。

【述要】
　　夫子道："告知其君子之道，而不懈于学、不惰于行者，其唯颜回吗？"
　　在颜渊是赞叹，在后进则为警策矣！而若师者于学者之赞叹时闻于后世，则可知道业未衰，而儒风有长运也。

（二十）
子谓颜渊，曰："惜乎！吾见其进也，未见其止也。"

【注解】
惜　哀痛也。○
进　不息也。○

【述要】
　　夫子说到颜渊，哀叹道："可惜颜渊去世早啊！我唯见其于君子之道勇毅而进，未见他怠惰而止啊！"
　　人其众矣，而乐道好学者寡，夫子之哀有其所自。

（二十一）
子曰："苗而不秀者有矣夫！秀而不实者有矣夫！"

【注解】
苗　谷之始生。
秀　吐华。
实　成谷。

【述要】
　　夫子慨然道："如种之出土而成苗，却不能吐华成秀者，大有人在啊！如苗而秀，却不能结实成谷者，也大有人在啊！"
　　盖圣人之仁，君子之德，虽于人心人人有之，而私欲难除，故成仁成德者稀矣！

（二十二）
子曰："后生可畏，焉知来者之不如今也？四十、五十而无闻焉，斯亦不足畏也已。"

【注解】
闻　王道之有所觉而能笃行，并有令名之见。○

【述要】
　　夫子道："你等后生，心纯智聪，年富力强，令人敬畏啊！之所以令人敬畏，盖因为如何能知晓将来你等不如今日之我呢？若至四十、五十，你等仍不能闻道而笃行，并以君子之令名见闻于世，则不足以令人敬畏了。"
　　人生四十本当无惑而德心有明，五十乃当知命而道心为熟，故四十五十当有道德之冲融，从而有令名之显闻也。来者如今，夫子殷殷期之于后进，而时也分限，夫子又谆谆告之于学者也。

（二十三）
子曰："法语之言，能无从乎？改之为贵。巽与之言，能无说乎？绎之为贵。说而不绎，从而不改，吾末如之何也已矣。"

【注解】
法语 正言之也。
巽言 婉而导之也。
绎 寻其绪也。

【述要】
夫子道："圣人法正之言，能无尊从？改过最为重要；贤者巽顺谦与之言，能无心悦？寻绎推究其深意最为重要。嘴上说心有所悦，却未见其绎之，说尊从却未见其改之，我则不知如何再行教导之！"

不绎不改，实未能心悦而从之，则末如之何也已矣。

（二十四）
子曰："主忠信，毋友不如己者，过则勿惮改。"

【注解】
主 以为重也。○
不如己者 不能以忠信如己之德者。○

【述要】
　　夫子道："为人当以忠信为主，不能主忠信者，不可与之为友；有过则勿惮于改过。"
　　人主忠信，则无友不至，人能改过，则无人不信。

（二十五）
子曰："三军可夺帅也，匹夫不可夺志也。"

【注解】
帅　外之主也。○
志　内之主也。○

【述要】
　　夫子道："三军虽有主帅，无非勇力所聚，尚能以武力战胜，可勇往而夺其主帅；而匹夫若志向于道，根柢深固不移，非勇力可以战胜，其志气必不可夺啊！"
　　外可夺而内不可移也。

（二十六）
子曰："衣敝缊袍，与衣狐貉者立，而不耻者，其由也与？'不忮不求，何用不臧？'"子路终身诵之。子曰："是道也，何足以臧？"

【注解】
敝　坏也。
缊　旧絮，乱麻。○
袍　杂旧絮之长衣。○
狐貉　以狐貉之皮为裘，衣之贵者。
忮　害也。

求　贪也。
臧　善也。

【述要】
　　夫子道:"衣着乱麻敝袍,与衣着狐裘之官贵并立,而不以此为耻者,其为子路吗?《诗经·卫风·雄雉》上言:'不忌恨他人之富贵,不妄求不义之富贵,依此而行,为何事而不善,用何物而不美呢?'"
　　子路听闻有喜,终身咏颂此《诗》言。
　　夫子道:"这本是向道之人所当为,又何足以沾沾自喜呢?"
　　一则以赞,一则以诫,夫子反复在教,未见其倦!

(二十七)
子曰:"岁寒,然后知松柏之后彫也。"

【述要】
　　夫子道:"至岁末冬寒,然后知松柏志贞意坚,其枝彫落,总在众树枯零之后。"
　　早凋者难觅坚贞,易谢者不为节烈。松柏虽有旧落,又自新萌,终不失冠盖盈盈之翠色,其不为王道之常乎?

(二十八)
子曰:"知者不惑,仁者不忧,勇者不惧。"

【注解】
惑　聪智之不足而为事理所困。○
忧　仁爱之不足而为私欲所困。○
惧　勇义之不足而为邪慝所困。○

【述要】

夫子道:"智者就理而知事,所以无惑;仁者依仁而省私,所以无忧;勇者尚力而尊义,所以无惧。"

不惑、不忧、不惧,方能无往而不前,其知、其仁、其勇,可谓君子之三达德,常行而无困也。

(二十九)
子曰:"可与共学,未可与适道;可与适道,未可与立;可与立,未可与权。"

【注解】

立 行事而树其德。○

权 称锤也,所以称物而知轻重者也。

【述要】

夫子道:"若有人慕贤而来,可与他共学,未必可与他往求于道;可与他往求于道,未必可与他中道而立大;可与他共事而行道,未必可与他权衡轻重,谋用于天下。"

可否与学,与适,与立,与权?不因君子之私情,但依学者觉悟之深浅。

既可与立,何以与权未必可以?盖与立其事,虽有行道之宜,而即时即物,变化多端,一时经义不行,必须从权,否则于事无成而于仁义亦有害也。而从权者,能权衡轻重缓急而使用非常,非深谙事理者不能,亦非拘泥经义者所能为之也。

(三十)
"唐棣之华,偏其反而。岂不尔思?室是远而。"子曰:"未之思也,夫何远之有?"

【注解】

唐棣 郁李也。
偏 翩也。〇
而 语助也。
是 于此。〇

【述要】

逸诗上说:"那远山山谷间的唐棣之花啊,随风翩翩摇曳!怎能不令人怀想唐棣之婀娜呢?可惜我居家于此,不能远往而观美啊!"

夫子读罢感叹道:"虽说怀想,未能真思啊!若能真思唐棣之美,早已摇心荡志,勉力而往了,那离离山谷间又何远之有呢?"

唐棣之华,何远之有?但思而能往也;芳馨之仁,何远之有?但欲而能至也。

乡党篇

乡党第十

凡十九章

(一)

孔子于乡党，恂恂如也，似不能言者。其在宗庙朝廷，便便言，唯谨尔。

【注解】
恂恂 信实之貌。
宗庙 礼法之所在。
朝廷 政事之所出。○
便便 辩也。

【述要】
　　夫子平日居乡里，神情恂恂然信实而无欺，其谦抑恭逊，似不善能言者；而在宗庙朝廷，夫子于礼法、于政事，言语便便然，丰赡而明辩，但谨饬而有节度。
　　盖宗庙之中，礼法需以讲明，朝廷之上，政事但有辩正，夫子身置其中，其能无善言？

(二)

朝，与下大夫言，侃侃如也；与上大夫言，訚訚如也。君在，踧踖如也，与与如也。

【注解】
侃侃 和乐之貌。○
訚訚 和悦而诤也。
君在 视朝也。

踧踖　恭敬不宁之貌。
与与　威仪中适之貌。

【述要】
　　朝会之时，如君不视朝，夫子与下大夫言谈，侃侃然神闲理亮，而应对如流；与上大夫论事，訚訚然貌舒言和，而诤谏不差。如君视朝，夫子虽似踧踖不宁，却恭敬终始，与行与止，如礼如仪，与问与答，如法如理。
　　事上接下，夫子行意如流，是其强学之明效也。夫子劝学，君子能无从乎？

（三）

君召使摈，色勃如也，足躩如也。揖所与立，左右手。衣前后，襜如也。趋进，翼如也。宾退，必复命曰："宾不顾矣。"

【注解】
摈　主国之君所使以出接宾者。
勃　变色貌。
躩　疾行貌。○
襜　整貌。

【述要】
　　君上如有召使接待宾客，夫子闻命，神色勃然肃谨，步履亦躩速勤敏。所与并立之摈者，夫子皆为循礼，一一向左右作揖，俯仰之间，衣裳虽前后飘摆，仍能襜如齐整呀！有事则急趋而进，衣摆若鸟之待立，舒翼欲飞；宾客退下，必复命君上道："宾客已远去不回了。"
　　接左右，待宾客，有礼而有终始，有礼方能成章。

（四）

入公门，鞠躬如也，如不容。立不中门，行不履阈。过位，色勃如也，足躩如也，其言似不足者。摄齐升堂，鞠躬如也，屏气似不息者。出，降一等，逞颜色，怡怡如也。没阶，趋进，翼如也。复其位，踧踖如也。

【注解】

鞠躬　曲身也。
中门　中于门也。
阈　门限也。
摄　持也。○
齐　音咨，衣下缝也。
屏　藏也。
息　鼻息出入者也。
等　阶之级也。
逞　放也。
怡怡　和悦也。
没阶　下尽阶也。
趋　走就位也。

【述要】

　　夫子入君门，鞠躬曲身，似不能容受其中；夫子不于中门站立，行不履踏门坎。过门屏之间，是君上伫立之处，虽君上不在，夫子仍神色勃如，恭肃恭谨，而步履躩如，速趋速前，言谈似有不足。夫子摄齐提衣而升堂，鞠躬俯首，屏气似无鼻息。待退出堂来，下台阶一级，方逞露颜色，怡怡然和悦；待下尽台阶，便疾步而趋，行行又若飞鸟张翼；再过君位之时，踧踖恭宁之貌，一如开始。

君臣之礼乃国之大事，君臣之礼不严，国之大事可想而知。

（五）

执圭，鞠躬如也，如不胜。上如揖，下如授。勃如战色，足缩缩，如有循。享礼，有容色。私觌，愉愉如也。

【注解】

圭 诸侯命圭。
享 献也。既聘而享，用圭璧，有庭实。
有容色 和也。
私觌 以私礼见。
愉愉 则又和矣。

【述要】

夫子手执诸侯命圭，往邻国聘问，鞠躬恭谨，如力有所不胜。所执圭笏，高不过于拱手作揖之位，低不过于授物予人之手；且神色勃然有惧，战战兢兢，足履似缩缩迫促，如缘物循行，不能离地。如在他邦朝堂之上恭献礼物，则和气满容；如以私礼见宾，则愉愉然而和乐！

为礼必由诚意，诚意必以礼容。

（六）

君子不以绀緅饰。红紫不以为亵服。当暑，袗絺绤，必表而出之。缁衣羔裘，素衣麑裘，黄衣狐裘。亵裘长。短右袂。必有寝衣，长一身有半。狐貉之厚以居。去丧，无所不佩。非帷裳，必杀之。羔裘玄冠不以吊。吉月，必朝服而朝。

【注解】
君子　谓孔子。
绀　深青扬赤色，齐服也。
緅　绛色。
饰　领缘也。
红紫　间色不正，且近于妇人女子之服也。
亵服　私居服也。
袗　单也。
绤　葛之精者。
绤　葛之粗者。
缁　黑色。
羔裘　用黑羊皮。
麑　鹿子，色白。
狐　色黄。
长　欲其温。
狐貉　毛深温厚，私居取其适体。
帷裳　朝祭之服，其以正幅为之。〇
杀　削减之。〇
吉月　月朔也。

【述要】
　　夫子不以齐服所用绀緅之色以缘饰领边，红紫之色不为亵服。当暑热之时，因绨绤单衣由葛而织，孔隙间不免体肤暴露，外出时，必先内著里衣，外表蒙以绨绤。于黑色朝服，则内用黑色羔羊之皮；素色凶服，则内用白色麑鹿之皮；黄色宾服，则内用黄色狐皮；如此以求内外颜色之合，于礼不至颜色错乱。于居家所著亵裘，须长而保暖，可卷短右袂以

方便事为。于夜睡必有寝衣蔽体，长须过膝，寝卧之间，亦不失于居敬。而狐貉之毛温厚，适于居坐。待丧事已毕，大带之上无所不佩。若非正幅所制帷裳，必裁斜取正而接缝。至于黑色羔裘之衣，玄色之冠，皆非素色，不穿以吊丧。每至初一，必著朝服以赴朝会。

服不以制，则礼义不明，而至人事之淆乱也；故服制何容于苟且。

（七）
齐，必有明衣，布。齐必变食，居必迁坐。

【注解】
齐　通斋；临祭前必沐浴而斋戒。〇
明衣　浴竟所服洁净之衣。〇
变食　改常食而另馔洁净之食。〇
迁坐　斋戒时必由常居之内寝迁于外寝而居坐。〇

【述要】
夫子沐浴斋戒，必著明洁之衣，且衣以布质。沐浴斋戒，必变平日饮食，不饮酒，不茹荤；必变平日起居之内寝，迁于外寝以居坐。

齐以交神。而交神之故，自需净洁其心以变常。

（八）
食不厌精，脍不厌细。食饐而餲，鱼馁而肉败，不食。色恶，不食。臭恶，不食。失饪，不食。不时，不食。割不正，不食。不得其酱，不食。肉虽多，不使胜食气。惟酒无量，不及乱。沽酒市脯不食。不撤姜食。不

多食。祭于公，不宿肉。祭肉不出三日。出三日，不食之矣。食不语，寝不言。虽疏食菜羹，瓜祭，必齐如也。

【注解】
食 饭也。
不厌 厌，饫也，满足之意。此谓不以精细为满足，亦即不以精细为讲究。○
精 择米也。○
馈 饭伤热湿也。
餲 味变也。
馁 鱼烂。
败 肉腐。
色恶 已失鲜泽。○
臭恶 已失鲜味。○
不时 五谷不成，果实未熟之类。
不正 不方正者。○
不使胜 使肉食谷食均衡也。○
食气 谷物之饭料；气，饩也。○
沽、市 皆买也。
齐 严敬貌。○

【述要】
　　夫子饭食并不讲究精凿，生肉切片为脍，亦不讲究细薄。饭食遇有湿热而变味，鱼腐肉坏，不食；鲜色鲜味变恶变臭，不食。失饪不熟，或成焦糊，不食；五谷未成、果实未熟，不食。割肉不为方正，不食；虽有肉，不得就酱而食，不食；肉虽多，不使胜过五谷主食。唯有酒不限量，但洽欢有度，不至于醉乱昏智。至于沽来之酒，市来之脯，恐不精洁，不食；食时虽不撤姜，但不贪心多食。助祭于公时，所分胙肉乃神明所惠，即行分赐予众亲，不留家过夜而成宿肉；至于家祭之肉，分赐不出三日，肉过三日，便不能食用了。饭食不语，寝息不言；虽是粗食、菜羹、瓜果一类菲薄之物，临食必各取少许，置笾豆之间以祭先代饮食始创之人，而神情必斋庄严敬！

气体之养在节度饮食，口腹逞欲者反成其害，夫子取食有道，养其体，亦养其心也。

（九）
席不正，不坐。

【注解】
正 东、西、南、北之向而不偏也。○

【述要】
夫子心安于正，若坐席不正，夫子不坐。

心不容偏，坐求其正，夫子之德显著乎事微，而事微观其著，所谓道不正，不行，理不正，不循也。

（十）
乡人饮酒，杖者出，斯出矣。乡人傩，朝服而立于阼阶。

【注解】
杖者 老人也。
傩 所以逐疫，周礼方相氏掌之。
阼阶 东阶也。

【述要】

行乡饮酒礼时，党正率众蜡祭百神后，乡人共饮，饮毕而散，待策杖老者先出，夫子方离席而出。如逢乡人行傩礼以逐疫驱鬼，此虽为乡间礼俗，夫子也必著朝服，恭肃而立于家庙东阶，一来和敬于傩礼，二来以安家庙中祖先神明。

乡者，出生之地，乃父老所居，先灵之所萦停也，夫子进退以礼，而有融融之情也。

（十一）
问人于他邦，再拜而送之。

【注解】
再拜 拜二次以示隆重。○

【述要】

曾与夫子交游之他邦人士，有派人送礼以问候的，如邦国派遣使者一般，夫子必再拜以送别，以郑重其事。

夫子重友，虽远，必有诚意能至。

（十二）
康子馈药，拜而受之。曰："丘未达，不敢尝。"

【注解】
药 芍药也，以调和五味。○
达 无所不宜，无所不能也。○

【述要】

季康子馈赠芍药，夫子拜而受纳道："我能力未达，何敢尝正卿所馈？"

盖芍药可以调和五味，而夫子和众济时之能有似之，故康子馈有隐喻是有所期待于夫子；而夫子自谓不达，是夫子谦抑之辞，其或有婉拒之意也。

（十三）
厩焚。子退朝，曰："伤人乎？"不问马。

【述要】
马厩被焚，夫子退朝后知晓此事，急忙先问："人有烧伤吗？"不问马匹如何。

夫子素来爱及犬马，尝以韦席埋其畜狗，故知夫子必有厩马之后问。虽夫子与人与物有一体之仁，然爱有等差，所谓由己及人，由人及物也；夫子既为人类，故其亲爱之推首先在人，而后有及物之推也；此亦人情所当循从之礼也！

（十四）
君赐食，必正席先尝之；君赐腥，必熟而荐之；君赐生，必畜之。侍食于君，君祭，先饭。疾，君视之，东首，加朝服，拖绅。君命召，不俟驾行矣。

【注解】
腥　生肉。

【述要】
若君上赐食，夫子必正其席位，如对君坐，先自行尝用，其余分赐；君上若赐生肉，必先烹熟，而后荐于庙中先祖，以彰显君赐之荣；君上若赐活禽活畜，必以畜养，无故不敢宰杀；若伺奉君上同食，依礼需食前有祭，夫子于君上行祭之时，先自行用饭，一者欲代君上先尝饭食，二者不敢为客，当君上招待之礼。遇有病疾,若君上往而探视,夫子则东面而卧,以方便君上处西位之尊,且盖朝服在身,并上加大带,自不可以亵服见君;君上有命来召,不待驾车,已自急行了。

有君臣之义在,夫子不慢!

(十五)
入太庙,每事问。

【述要】
　　夫子有入太庙以助祭,每事必问。
　　太庙之事须主诚敬。而太庙之事,一事一礼,一礼一义,每事恭谦而问,有益神情之肃敛,问后谨慎而行,又益礼义之深注,渐而入乎诚敬之域。此一番精神整饬之法,学者当学!

(十六)
朋友死,无所归。曰:"于我殡。"朋友之馈,虽车马,非祭肉,不拜。

【述要】
　　有朋友死无所归,夫子便同情道:"就于我处停柩殡葬吧。"对朋友仁至义尽。朋友有馈赠,虽是车马贵重之物,夫子谢而不拜,此因仗义通财,本应朋友所为;若是朋友馈赠祭肉,夫子必拜身以谢,此因胙肉是朋友祭祀祖考所分,夫子敬朋友之祖考如同自己之亲。
　　重义轻财,于朋友之交应当,夫子表率。

(十七)
寝不尸,居不容。见齐衰者,虽狎,必变。见冕者与瞽

者，虽亵，必以貌。凶服者式之。式负版者。有盛馔，必变色而作。迅雷风烈，必变。

【注解】
尸　谓偃卧似死人也。
居　居家。
容　谓纵容。○
狎　谓素亲狎。
亵　燕见。
貌　礼貌。
式　车前横木，有所敬，则俯而凭之。○
负版　持邦国图籍者。○
迅　疾也。
烈　猛也。

【述要】
　　夫子寝卧时，不仰面直挺似人死，唯恐怠惰身心，有负生养，有负天命；平日居家，不自纵容放逸而丧志。见穿著齐衰丧服者，虽是平素狎昵亲近之人，夫子必改容变色以示哀戚；见冠冕官贵者与盲者，虽亵狎私见，夫子仍于礼数不失。遇邦国因饥馑、兵乱等不祥凶事而人民多有亡故，有穿素服以吊丧者，夫子如有乘车，必手扶车轼俯首以示哀痛；遇持邦国地图户籍者，因图籍中载明邦国小大、人民多寡，而邦国乃人民所居，人民乃王者所天，夫子也必凭轼俯首以示敬意。遇主人有盛馔以招待，夫子必改容变色而起坐，亲谢主人；遇迅雷之响，疾风之烈，夫子也必改容变色，虽夜必兴，衣服冠而正坐，以示敬天之威。
　　诚者，应己应人，应物应天，必有礼兴，而诚意之达，亦必由礼为。

(十八)
升车,必正立执绥。车中,不内顾,不疾言,不亲指。

【注解】
绥　挽以上车之索也。

【述要】
　　夫子升车时,必正身而立,手执上车之索而升;升入车中,不回首内顾,不高声疾言,不妄自挥手指顾。
　　夫子其诚意所至,虽执绥之事,亦有所示之。而车中三不,为之则有失检点,亦自失仪容,且乱人心意,故此不为。

(十九)
色斯举矣,翔而后集。曰:"山梁雌雉,时哉!时哉!"子路共之,三嗅而作。

【注解】
梁　水桥也。○
时　势位得宜而相谐于周遭。○
嗅　气有所取也。○
作　振也。○

【述要】
　　飞鸟色泽明丽,斯方举飞,迴翔而后栖止于树杪。
　　夫子喜见而赞叹:"山梁雌雉啊,何其美丽!举飞栖集,无不合与时,无不合于时啊!"一时山谷间生和瑞之气。
　　子路共夫子而喜,不禁三嗅之而神情为之振作。

夫子礼乐和天，故有雌雉声气之相通；王道之于流布，礼乐之于更化，夫子深期乎世而有此时哉之赞叹！而子路之共，一时亦心领于天人、神会于夫子也。

先进篇

先进第十一

凡二十五章

（一）

子曰："先进于礼乐，野人也；后进于礼乐，君子也。如用之，则吾从先进。"

【注解】
野人 谓郊外之民。
君子 谓贤士大夫也。

【述要】
　　夫子道："早期从学弟子，如颜渊子路之徒，多出身寒门，礼乐不足，可称野人；虽称野人，而其质性自然，仁勇有余啊！后来弟子，多卿大夫出身，礼乐修明，可称君子；虽称君子，恐文饰有余而仁勇不足。若有与谋天下之用，我仍愿与先进弟子共之。"
　　虽曰文质彬彬，然先有其质，后有其文，再有彬彬之美；故须先有仁情勇义之质，然后有礼乐文章之饰，方可成天下之用。

（二）

子曰："从我于陈、蔡者，皆不及门也。德行：颜渊，闵子骞，冉伯牛，仲弓。言语：宰我，子贡。政事：冉有，季路。文学：子游，子夏。"

【注解】

文 词章也。○

【述要】

夫子有悲往事，叹道："当年曾从随于我，于陈蔡两国受难之弟子，如今皆不在门下了。其中颜渊、闵子骞、冉伯牛、仲弓以德行见称；宰我、子贡以言语见称；冉有、季路以政事见长；子游、子夏以文学见称！"

有德行、言语、政事、文学之四科，使贤者之胜擅有所区分，从此有才贤举用之方便，知夫子分科之功已在社稷、已在后世。

夫子之圣而有众弟子之贤，众弟子之贤而成夫子之圣；圣贤功业相成，彼此惺惺之惜然，其亦为仁也！

（三）

子曰："回也，非助我者也，于吾言无所不说。"

【述要】

夫子悲叹道："颜回啊，非上天所使以助我，竟先我而早离人世！其从学于我，或听或问，于我之所言无所不明，无有不悦啊！"

盖夫子之道之所以为道，亦在乐道如颜渊者之无所不悦，故颜渊之悦有助成夫子之功；而颜渊早去，夫子痛失其助也！

（四）

子曰："孝哉闵子骞！人不间于其父母昆弟之言。"

【注解】

孝 一家皆称其善。○

| 人 | 知闻闵子孝迹之人。〇 |
| 间 | 隙之可寻者。〇 |

【述要】

夫子感叹道:"闵子骞堪称孝啊!其孝爱父母,敬爱昆弟,是纯然一片仁善之心。其之为孝,不唯其父母昆弟言之如此,知闻者亦皆信之而无异辞!"

知信于人,是其人孝迹感动人心,虽千里之外而有应者,而闻者翻澜之情,虽百世之下亦未稍减之!

(五)
南容三复白圭,孔子以其兄之子妻之。

【注解】

白圭 《诗经·大雅·抑》之篇曰:"白圭之玷,尚可磨也,斯言之玷,不可为也。"

【述要】

"圭玉洁白,如有缺损,尚可以磨锻而平;而人为言语,如有缺损,又如何磨平呢?君子不可为言有缺啊!"弟子南容常诵此《白圭》之篇,夫子以其兄之女许配之。

南容所以有《白圭》之三复,盖其素行端正,其言行之允德中夫子之意。

(六)
季康子问:"弟子孰为好学?"孔子对曰:"有颜回者好学,不幸短命死矣!今也则亡。"

【述要】

季康子问:"先生门弟子中,谁最为好学?"

夫子伤感道:"有弟子颜回好学,不幸啊!他短命早死。唉!如今好学弟子已没有了!"

夫子以学为命,以学为劝,以学为授业之首要,以学为继道之根本;夫子伤颜渊,亦伤道也!

(七)
颜渊死,颜路请子之车以为之椁。子曰:"才不才,亦各言其子也。鲤也死,有棺而无椁。吾不徒行以为之椁。以吾从大夫之后,不可徒行也。"

【注解】
颜路 渊之父,名无繇。
椁 外棺也。
鲤 孔子之子伯鱼也,先孔子卒。
从 忝列也。○

【述要】

弟子颜渊去世,其父颜路因夫子素来重颜回之才,故而请卖夫子之车以为颜回之椁。

夫子道:"先不言谁有才、谁无才,也仅各言其子吧。我儿孔鲤去世,有棺而无椁;为颜回卖车为椁而徒步,恕我不能;我尚忝列大夫之后,不能徒步以行啊!"

以颜渊之位,于礼不当有椁,而夫子既视颜渊如子,则加椁之礼岂厚于父子之亲?所以夫子之不为,是不忍也,非不舍也!

（八）
颜渊死。子曰："噫！天丧予！天丧予！"

【注解】
噫 伤痛声。

【述要】
　　弟子颜渊去世，夫子悲痛以呼："唉呀！上天要我失去你啊！上天要我失去你啊！"

（九）
颜渊死，子哭之恸。从者曰："子恸矣。"曰："有恸乎？非夫人之为恸而谁为！"

【注解】
恸 哀过也。
夫人 谓颜渊。

【述要】
　　弟子颜渊去世，夫子痛哭而极度悲伤。
　　从随者说："先生过于悲痛了！"
　　夫子含泪道："过悲了吗？不为如颜回之人去世而悲痛，又能为谁而悲痛呢？"
　　夫子视颜渊如子，亦视其为绝学之继者，而子之先亡，学之不继，催夫子一至于恸也！

（十）
颜渊死，门人欲厚葬之，子曰："不可。"门人厚葬之。

子曰："回也视予犹父也，予不得视犹子也。非我也，夫二三子也。"

【述要】
　　弟子颜渊去世后，夫子门人欲厚葬颜渊。
　　夫子严肃道："不可。"
　　门人仍以厚礼葬之。
　　夫子伤心道："颜回你视我如父，我却不能视你如子啊！我未能以葬子伯鱼之礼而一视于你，此非我之过，皆因你同门自作主张啊！"

（十一）
季路问事鬼神。子曰："未能事人，焉能事鬼？"敢问死。曰："未知生，焉知死？"

【注解】
鬼神　先亡者。○
死　弃所借之身而归乎天道。○
生　藉天道所赋之性命、阴阳所聚之气质而来于人世。○

【述要】
　　子路问奉事鬼神之道？
　　夫子道："人神之事岂有二道，但为一理，不能事人以仁厚、以诚敬、以忠孝，又如何能事鬼神呢？"
　　子路又问："敢问人死后如何？"
　　夫子道："死生相继，幽明相续，知生则知死，知明则知幽；不知生所从来，不知命由谁赋，不知生而具命，不知生而备仁，不知生当知行天道，又如何知死后如何呢？"
　　人生在世，所守葬则在天，人之没世而归天，终无逃乎天则；既天则之不逃，则人之没世何异于生时也。

（十二）
闵子侍侧，訚訚如也；子路，行行如也；冉有、子贡，侃侃如也。子乐。"若由也，不得其死然。"

【注解】
行行 刚强之貌。
不得其死 天年不保。○

【述要】
　　闵子骞侍奉夫子，訚訚然辞气中肯，不骄不矜；子路侍奉夫子，敛容威目，刚强行行；冉有、子贡侍奉夫子，法语之言，侃侃不绝。诸弟子各得其教，各得其所，夫子是乐得诸子啊！
　　然夫子又不无忧虑道："似子路这般刚强好勇，不计安危而赴义，将来恐凶多吉少啊！"
　　当时王纲解纽，礼乐崩摧，天下已久溺不安，诸侯大夫间矛盾错出，凶象环生，而子路忠勇不避，已生死难料；故言子路或不得其死是夫子深忧，非夫子占之者也。后来子路果于卫乱中结缨而死，不幸中夫子之忧！

（十三）
鲁人为长府。闵子骞曰："仍旧贯，如之何？何必改作？"子曰："夫人不言，言必有中。"

【注解】
长府 藏货财处。○
仍 因也。

贯　事也。

【述要】

　　鲁人欲改作长府。

　　闵子骞说："旧府虽旧，而制度不旧，且不失藏货之用，沿用旧制，如何不好呢？又何必多费而改旧新作呢？"

　　夫子听罢称赞道："闵子骞平素不言，一说必于事理肯切。"

　　先王之道未尝不是如此，何必改旧新作？

（十四）

子曰："由之瑟奚为于丘之门？"门人不敬子路。子曰："由也升堂矣，未入于室也。"

【述要】

　　一日夫子蹙眉道："子路为何于我门内鼓瑟？"盖子路鼓瑟，欲使夫子鉴其瑟艺；而子路之瑟，凛凛然多刚正之气，尚未入于中和，故夫子未予称许。

　　见门人对子路有不敬之色，夫子又道："子路瑟艺初成，已升乎堂上，得堂间光明正大之象，而尚未入于室内，得其中精微深邃之旨呢。"

　　乐之美善有其理境之实际，故从其美善程度之不同而能推知其内在理境之高下；夫子所以有品评之力，一在其纯全之德而有理境之开博；故唯德全者，于乐可以有美善之深知。

（十五）

子贡问："师与商也孰贤？"子曰："师也过，商也不及。"曰："然则师愈与？"子曰："过犹不及。"

【注解】

愈　犹胜也。

【述要】

子贡问:"子张与子夏,谁更为称贤?"

夫子道:"子张于义理是非太过,子夏又有所不及。"

子贡说:"既然如此,是子张更为称贤了?"

夫子道:"是非太过,仁情必有不足,仁情不足,是伤仁情啊,仁情既伤,亦不免伤及义理。是非不及,仁情必滥溢,仁情滥溢,亦是伤仁情啊,仁情既伤,亦不免伤及义理。因此过与不及,两者于仁情、于义理皆有伤害啊!"

其过则劝抑,其不及则诱引,所欲归者,夫子言中道而已。

(十六)

季氏富于周公,而求也为之聚敛而附益之。子曰:"非吾徒也。小子鸣鼓而攻之,可也。"

【述要】

周公为周室正卿,有大功于社稷,其富本其所宜;季氏不过鲁国正卿,其富以攘夺刻剥而得,非其所宜呀!而其富已过周公,冉求却仍为季氏多方聚敛而附加其财。

夫子愤然对弟子们道:"冉求已非我弟子,你等可以鸣鼓而攻击之。"

于食民髓者,夫子痛恶之,不乏严厉之举,弟子概莫能外。

(十七)

柴也愚,参也鲁,师也辟,由也喭。

【注解】

柴　孔子弟子，姓高，字子羔。
愚　知不足而厚有余。
鲁　诚有余而悟不速。○
辟　厚不足而言易巧。○
喭　勇有余而辞曰强。○

【述要】

　　子羔性温仁厚而智虑偏愚；曾参信实诚笃而稍嫌鲁钝；子张智聪理亮而辩多巧辟；子路义胜勇余而喭喭张扬。

　　人之性情多端，禀赋不同，可各从其类而观之，而非诚明之人，何以观之哉？无怪乎夫子可以因材施教，未至爽失也！

（十八）

子曰："回也其庶乎？屡空。赐不受命，而货殖焉，亿则屡中。"

【注解】

庶　近乎道也。○
屡空　数至空匮也。○
命　谓天命。
货殖　货财生殖也。
亿　意度也。

【述要】

　　夫子道："颜回啊，他已近道了，不逐利而不累于物，不求显爵而不累于名，所以能知命安贫，以至平生屡屡空匮；而子贡不能安受天命而乐于货利之求，利中多有私欲牵累，故而不能尽性穷理，从道随化。虽然也能屡屡料事多中，不过是臆度揣测罢了。"

颜回屡空不害其庶乎近道，子贡屡中未见其安然受命。是故道之有无，不在其财货之多寡，唯在其学而后能得之。

（十九）
子张问善人之道。子曰："不践迹，亦不入于室。"

【注解】
善人　不知王道之用而徒知仁善之施行者。其初知仁善之可贵，遂自守仁行善之不已，终为善人；唯其未学于贤圣，不能有王术之可用，故其守仁行善而感人则可，守仁行道而化天下则不可。○
践迹　如言循途守辙。

【述要】
子张问如何是善人？
夫子道："善人质美，虽不践履前贤之旧迹，也能本自为善；而不践履前贤旧迹，不从学向道，其虽为善人，亦难入于圣人之室啊。"

（二十）
子曰："论笃是与？君子者乎？色庄者乎？"

【注解】
论笃　言理之辞实而不虚，纯而愈固。○
与　通欤，疑辞。○
君子者　论笃是也。○

【述要】

　　夫子训诫道:"其人为君子呢?或为容色故作庄重之小人呢?听其言论是否笃实便可以断知。"

　　笃实之论,信道深至而后能之,其容色不可以为伪。

(二十一)

子路问:"闻斯行诸?"子曰:"有父兄在,如之何其闻斯行之?"冉有问:"闻斯行诸?"子曰:"闻斯行之。"公西华曰:"由也问闻斯行诸,子曰'有父兄在';求也问闻斯行诸,子曰'闻斯行之'。赤也惑,敢问。"子曰:"求也退,故进之;由也兼人,故退之。"

【注解】
兼人　谓胜人也。

【述要】

　　子路问:"听闻义所当为之事,便无犹豫而为之吗?"
　　夫子道:"你父兄尚在,当有所顾虑,如何能听而不虑呢?"
　　冉有问:"听闻义所当为之事,便无犹豫而为之吗?"
　　夫子道:"听了便要力行勇义了。"
　　公西华说:"子路问'闻斯行诸',先生答以'有父兄在';冉求问'闻斯行诸',先生答以'闻斯行之'。我有疑惑,敢问先生。"
　　夫子解惑道:"冉求性情逡巡退缩,因此于他多有鼓励;而子路勇义兼倍于他人,因此于他便多有劝戒了。"
　　夫子体贴物情,靡微不周,故能诲人而不倦,劝化而有功。

(二十二)

子畏于匡,颜渊后。子曰:"吾以女为死矣。"曰:"子在,回何敢死?"

【注解】
畏　围使困之而有险象。○
后　谓相失在后。
在　脱险也。○
死　私斗而亡,不足以为吊者。○

【述要】
　　夫子围困于匡地,颜渊失散而后归来。
　　夫子欣喜道:"我以为你死了呢!"
　　颜回笑答:"先生在,颜回何敢先死!"
　　颜渊不轻死,首在师徒生死契阔,一应在道而无间;又在师徒道业相感既久,其情深如父子,犹有孝爱之未尽。诚然,知命如夫子者亦不轻死。既有师徒如此,是知人世道业之可传,自有其天意也!此师徒之伦,已见感激后来,深加护于道业而火传未已!

(二十三)

季子然问:"仲由、冉求可谓大臣与?"子曰:"吾以子为异之问,曾由与求之问。所谓大臣者:以道事君,不可则止。今由与求也,可谓具臣矣。"曰:"然则从之者与?"子曰:"弑父与君,亦不从也。"

【注解】

子然 季氏子弟。
异 非常也。
曾 犹乃也。
具 数之备也。○

【述要】

季氏子弟季然问:"先生之弟子仲由、冉求,可以说是我家大臣了吗?"神色颇为自得。

夫子道:"我以为你之所问不同于他人呢,原来是问子路与冉求呀。所谓大臣者,以道事君,不能以道事君,便止而不事。如今子路与冉求,也仅是充数之具臣罢了,而非为大臣。"

季然不服而又说:"那么他们是听话而从随之人了?"

夫子正色道:"若要弑父弑君,那他们绝无可从。"

君臣一伦,无他,唯上下之齐志,唯王道之共举;夫子何曾罔昧而愚,一顺于君也。

(二十四)

子路使子羔为费宰。子曰:"贼夫人之子。"子路曰:"有民人焉,有社稷焉。何必读书,然后为学?"子曰:"是故恶夫佞者。"

【注解】

书 典章制度之所载,古人德业之所具焉。○
贼 害也。
为学 君子进德修业也。○

【述要】

弟子子路举荐同门子羔为费邑之宰。

夫子道："子羔尚为人子，年少而学业未成，才不及仕，如此而为是贼害子羔，亦是贼害乡邑之民呀！"

子路辩解说："费邑有民可以治，有社稷之神可以祭，治民之才，事神之德，皆可以从中习得呀，又何必读书习礼，然后方为学习呢？"

夫子不悦道："因你这般说法，会让人反感利口强舌之人啊。"

君子德修在学，才具亦在学，其德修而后可以治民，其才具而后可以治政；德之不修而治民，则民心不服，才之不具而治政，则政令难施；必为政而后学，岂非逞己之妄而置邦民于险地乎？

社稷之幸，民人之福，赖才德之任也，为夫子所重视。而任非所任，贼其人亦贼其国也，则为夫子所患也。

（二十五）

子路、曾皙、冉有、公西华侍坐。子曰："以吾一日长乎尔，毋吾以也。居则曰：'不吾知也！'如或知尔，则何以哉？"

子路率尔而对曰："千乘之国，摄乎大国之间，加之以师旅，因之以饥馑；由也为之，比及三年，可使有勇，且知方也。"夫子哂之。

"求！尔何如？"对曰："方六七十，如五六十，求也为之，比及三年，可使足民。如其礼乐，以俟君子。"

"赤！尔何如？"对曰："非曰能之，愿学焉。宗庙之事，如会同，端章甫，愿为小相焉。"

"点！尔何如？"鼓瑟希，铿尔，舍瑟而作。对曰："异乎三子者之撰。"子曰："何伤乎？亦各言其志也。"曰："莫春者，春服既成。冠者五六人，童子六七人，浴乎

沂，风乎舞雩，咏而归。"夫子喟然叹曰："吾与点也！"三子者出，曾晳后。曾晳曰："夫三子者之言何如？"子曰："亦各言其志也已矣。"曰："夫子何哂由也？"曰："为国以礼，其言不让，是故哂之。""唯求则非邦也与？""安见方六七十如五六十而非邦也者？""唯赤则非邦也与？""宗庙会同，非诸侯而何？赤也为之小，孰能为之大？"

【注解】

晳　曾参父，名点。
率尔　轻遽之貌。
摄　夹迫也。〇
师　二千五百人。
旅　五百人。
因　仍也。
饥　谷不熟。
馑　菜不熟。
方　向也，谓向义也。
哂　微笑也。
方六七十里　小国也。
足　富足也。
端　玄端服。
章甫　礼冠。
相　赞君之礼者。
希　间歇也。
作　起也。
撰　具也。
春服　单袷之衣。
浴　盥濯也，今上巳祓除是也。

沂 水名，在鲁城南，地志以为有温泉焉，理或然也。
风 披其春风。○
舞雩 祭天祷雨之处，有坛墠树木也。
咏 歌也。

【述要】

弟子子路、曾晳、冉有、公西华于夫子处侍坐。

夫子一时兴起道："因为我年纪稍长于诸位吗？不必以我为意而有所不言。平日诸位总说：'无人知我之才啊！'如若有人知诸位之才，并有命来召，那诸位将如何作为呢？"

子路率尔以答："倘若有千乘诸侯之国，慑迫于大国之间，外加虎狼之师旅，内因愁困之饥馑；我若为治，三年之后，可使人民有勇，且能使民觉义知方。"

夫子哂笑似有讥意，又问："冉求，你将如何呢？"

冉求作答："方圆六七十，或如五六十之地，若由冉求为治，三年之后，可使人民丰衣足食，至于礼乐之教，需待以君子。"

又问："公西华，你将如何呢？"

公西华作答："不敢言有所能，愿多加参学。如有宗庙祭祀之事，又如有诸侯之会同，著玄端礼服，戴章甫礼冠，我愿为赞礼之小相。"

又问："曾晳，你将如何呢？"

只听得鼓瑟之声渐希，铿然而止，曾晳舍瑟而起，从容而应："我与三人所答不同啊。"

夫子道："又有何妨？不过各言己志嘛！"

曾晳作答："暮春三月，春服既成，相约五六冠者，六七童子，濯浴于城南沂水，披风于舞雩台下，一路咏歌而归。"

夫子喟然而叹道："我愿与曾晳一同而往啊！"

子路等三人先期退出，曾晳待后。

曾晳不解而问："他们三人所答如何？"

夫子道："也仅各言其志嘛！"

曾晳问："夫子何以哂笑子路？"

夫子道："为国治民，重要在礼，而将主政者却言语不逊，因此而有哂笑。"

又问："那冉求所答，便不是邦国之事了？"

夫子道："哪里可见方圆六七十，或如五六十，而非邦国之地呢？"

又问："那公西华所答，便不是邦国之事了？"

夫子道："宗庙祭祀，外交会同，不是诸侯之事，又是什么呢？公西华所答愿为小相，已是赞君之职了，他为小，谁还能为大呢？"

夫子何以与乎曾晳？盖曾晳之志，所述人天亲从之狀，已是尧舜气象。曾晳言志，其未必自知此即为尧舜气象，或一时就所适之境以兴志；而所谓尧舜气象，生民可以亲从于天，适情尽性而已。虽然，而若言生民本无天之亲从，因尧舜而后有之，则不可，何也？因天生烝民，早有天地之大备，以使生民亲从以适情性，尧舜王道之施不过顺此天命，以保生民此天禄之不绝。故尧舜气象本人人所有之性情，因王道之施，而使一人一时之亲从蔚为天下之气象。曾晳之志或许为一人一时亲从之意，已同于尧舜气象，而夫子之与，已然是天下之气象也。至于诸子之志，虽小大不同，气象各异，皆属君子之作为，当在夫子称许之列。

颜渊篇

颜渊第十二

凡二十四章

（一）

颜渊问仁。子曰："克己复礼为仁。一日克己复礼，天下归仁焉。为仁由己，而由人乎哉？"颜渊曰："请问其目。"子曰："非礼勿视，非礼勿听，非礼勿言，非礼勿动。"颜渊曰："回虽不敏，请事斯语矣。"

【注解】
仁　本心之全德。
克　胜也。
己　私也。○
复　反也。
礼　谓人性之理则，人事之德法也。○
目　条件也。

【述要】
　　弟子颜渊问如何为仁？
　　夫子道："克制私心邪念而回归人性本有之理则，克制恣行妄为而回归人事应有之德法；行有克制，必因其不忍之心，其克制之行，又须理则与德法以体现，而回归理则与德法便是复礼，其不忍之心即为仁心；故克己复礼，方可以为仁。为人若能一日克己复礼，则天下之人，莫不可用此仁心以交接，天下之事，莫不可用此仁心以应对，可谓天下皆可归此仁心以运筹，归此仁心以用度。为仁必由己出，而会由他人以催迫吗？"
　　颜渊说："请问为仁之具体。"
　　夫子道："非礼不视，非礼不听，非礼不言，非礼不动。"

颜渊唯诺而应："我虽鲁钝不敏，请遵照先生金玉之言而为人为事吧！"

于视听言动，恳恳然依于理则，循循然备于德法，久而成习，习而成性；习而成性，则视听言动无不由中而尽礼，无不尽礼以表仁；夫子之目意在于此。

（二）

仲弓问仁。子曰："出门如见大宾，使民如承大祭。己所不欲，勿施于人。在邦无怨，在家无怨。"仲弓曰："雍虽不敏，请事斯语矣。"

【述要】

弟子仲弓问如何为仁？

夫子道："平日出门谦逊有礼，如见邦国大宾，凡有民力之使，如承宗庙大祭，以时以礼，敬慎不余；己所不欲之事，不施加于他人；效命于邦国，无有怨悔，效力于室家，无有怨恨。"

仲弓唯诺而应："我虽愚顽不敏，请拜受先生善美之言而时为奉行吧！"

夫子所言者，一为敬人之德，一为恕人之德，一为致身之德，此三者不为爱人之仁而何为？

（三）

司马牛问仁。子曰："仁者其言也讱。"曰："其言也讱，斯谓之仁已乎？"子曰："为之难，言之得无讱乎？"

【注解】

司马牛 孔子弟子，名犁，向魋之弟。

讱 忍也，难也。

【述要】

　　弟子司马牛问如何为仁？

　　夫子道："为仁者，言语应有所忍断。"

　　司马牛不解又问："言语忍断，这便说是为仁了吗？"

　　夫子道："非礼不言，是难为之事啊！既要为仁，不仁之言能不有所忍断吗？"

　　不仁之言，由乎内心积习之恶，切之不为，终难断内心积习之恶，则何以归仁？

（四）

司马牛问君子。子曰："君子不忧不惧。"曰："不忧不惧，斯谓之君子已乎？"子曰："内省不疚，夫何忧何惧？"

【注解】

已　　语辞也。○

疚　　病也。

【述要】

　　弟子司马牛问如何为君子？

　　夫子道："君子不忧不惧。"

　　司马牛不解又问："不忧不惧，这便说是为君子了吗？"

　　夫子道："君子常自内省，有私心邪念便克而复礼，有不端之行便制而尽礼，身心便无有疚悔而常处安泰了，那君子何来忧惧呢？不忧不惧既是修养之后方能，那不忧不惧者，其不为君子乎？"

　　众生之惑，常在忧惧，众生之苦，亦常在忧惧，夫子曰内省不疚，可以去惑离苦，是众生觉悟之法也。

（五）

司马牛忧曰："人皆有兄弟，我独亡。"子夏曰："商闻之矣：'死生有命，富贵在天。'君子敬而无失，与人恭而有礼。四海之内，皆兄弟也。君子何患乎无兄弟也？"

【注解】

我独亡　牛之兄弟奔亡殆尽，故有此感。○

命　人力之外。○

天　人事尽处。○

兄弟　恩亲之系，道义之合。○

【述要】

　　司马牛时有心忧："他人皆有兄弟，而我之兄弟死生离散！"

　　子夏劝慰说："我曾闻先生道：'人之死生，自有命数，人之富贵，皆在天定。'你就不必过分悲忧了。而君子唯敬天命、慎人事而求无过，与人恭谦和顺而多礼让，那四海之内，谁不愿与我为兄弟呢，我与谁又不能处为兄弟呢？既为君子，如何会担忧自己无有兄弟呢？"

　　仁爱所在，道义所在，即兄弟所在也！

（六）

子张问明。子曰："浸润之谮，肤受之愬，不行焉。可谓明也已矣。浸润之谮，肤受之愬不行焉，可谓远也已矣。"

【注解】

浸润　感应之迟也。○

谮 以不实之词于暗中加诬。○
肤受 感应之速也。○
愬 以无据之恶于明处攻击。○

【述要】

　　弟子子张问如何是明？

　　夫子道："谮毁之言，如水之浸物，虽一时难察，久润之必伤人；诽谤之词，如肤之受物，能及时而知，顷刻间则损人。此二者皆不能行害于我，我亦不行此二者，则可说是明而不惑了；而浸润之谮，肤受之愬，唯其不行而无感，则我之德智遂为纯粹宽朗，便可以至高明而达深远了！"

　　君子反求诸己，有过必改，其心无留恶，故无惧人之攻恶；而君子宽厚讲仁，忠信讲诚，何能以不实之词，无据之恶而攻人？君子仁诚既具，又心无留恶，其心地自是明明朗朗。

（七）

子贡问政。子曰："足食，足兵，民信之矣。"子贡曰："必不得已而去，于斯三者何先？"曰："去兵。"子贡曰："必不得已而去，于斯二者何先？"曰："去食。自古皆有死，民无信不立。"

【述要】

　　弟子子贡问如何为政？

　　夫子道："足食丰衣以养民；足兵修武以卫国；邦国建信于人民，而人民信赖于邦国呀。"

　　子贡问："必不得已而要去其一，于先生所言三者，是哪一项先呢？"

　　夫子道："去兵。足食而讲信，假以时日，又何愁不能足兵呢？"

又问："必不得已而再去其一，于所余二者，是哪一项先呢？"

夫子道："去食。自古人皆有死，人民一时少食或有死生之忧，固然可悲，而人民无信以立，无信为群，邦国必分崩离析，人民终不免于死难，更为可惜。若能建信于民，人民有信以立诚立身，立家立国，虽有一时之难，假以时日，又何愁不能足食以养民，足兵以安国呢？"

夫子之去兵去食，只是欲明无信不立而有此极言，非不务也，似不必曲解夫子必去兵去食而空言信立也。

（八）

棘子成曰："君子质而已矣，何以文为？"子贡曰："惜乎！夫子之说，君子也。驷不及舌。文犹质也，质犹文也。虎豹之鞟犹犬羊之鞟。"

【注解】
质 朴素之实。○
文 仪礼之表；犹纹也。○
棘子成 卫大夫。
鞟 皮去毛者也。

【述要】
卫国大夫棘子成说："君子质美便可以了，何需以虚礼繁文为修饰呢？"脸有不屑。

子贡听了不以为然："可惜啊！大夫身居高位，却如此论说君子，一时口舌之误，驷马难追呀。纹理便是质地，质地便是纹理，虎豹与犬羊之所以不同，也在于它们毛色花纹之不同，如果除去外表花纹，那虎豹之皮与犬羊之皮便无有区别了。"

犬羊虎豹之不能别，何以别上下、定尊卑？不能别上下、定尊卑，何以叙人伦而成政治？故仪礼之表，不可须臾离也！

（九）

哀公问于有若曰："年饥，用不足，如之何？"有若对曰："盍彻乎？"曰："二，吾犹不足，如之何其彻也？"对曰："百姓足，君孰与不足？百姓不足，君孰与足？"

【注解】

彻 通也，均也。周制：一夫受田百亩，而与同沟共井之人通力合作，计亩均收。大率民得其九，取其一，故谓之彻。

百姓 四海和乐之所系。○

君 万方怨罪之所责。○

孰与 比较之词；与谁也。○

【述要】

鲁哀公问于有若："年荒饥馑，国中资用不足，如何解决呢？"

有若回答说："何不采用周之彻制，十分田租而收其一呢？"

哀公不解说："收其二我犹觉不足，如何只用彻制呢？"

有若说："百姓富足，则人君需与谁比较而言不足？百姓不足，则人君又需与谁比较而言足呢？"

盖人君与百姓皆为天之生民，岂无一体同仁之心？既为人君，其为民之父母，何能别亲疏，分贵贱？故百姓足，则人君足，百姓不足，则人君不足，故国中富足与否？唯在百姓不在君。况天生烝民，有物有则，财货乃百姓之创造，用均在天下，岂可违逆天意而以少数用多？

（十）

子张问崇德、辨惑。子曰："主忠信，徙义，崇德也。爱之欲其生，恶之欲其死。既欲其生，又欲其死，是惑也。'诚不以富，亦祇以异'。"

【注解】
爱 挟私欲之亲恩。○
恶 挟私欲之愤怨。○
诚不以富，亦祇以异　《诗经·小雅·我行其野》之辞。

【述要】
　　弟子子张问如何崇德辨惑？
　　夫子道："心主忠信而不移，见义即从而力行，便是崇德了。爱而亲近，则欲其所爱之人长生，恶而厌弃，则欲其所恶之人即死，既欲其生，又欲其死，这便是疑惑了。《诗经·小雅·我行其野》上言：'诚非新妇之富有，只因你见异思迁而弃我。'当时亲爱他之旧妇，今日又厌弃他之旧妇，人心爱恶之变，真是让人疑惑啊！"
　　不以爱恶夺其心，自能辨疑而不惑；辨疑而不惑，其是非爱恶分明，则有忠信之主，大义之徙也！

（十一）

齐景公问政于孔子。孔子对曰："君君，臣臣，父父，子子。"公曰："善哉！信如君不君，臣不臣，父不父，子不子，虽有粟，吾得而食诸？"

【注解】

齐景公　名杵臼。

君君，臣臣，父父，子子　人道之大经，政事之根本。○

【述要】

齐景公问如何为政治国？

夫子道："君尚君道，臣尽臣道，父行父道，子从子道。"

景公悦然而说："好极了！为君不似君、为臣不似臣、为父不似父、为子不似子，若确实如此，国中必乱，虽有可口之米粟，我能轻易得食而享用吗？"

若夫子说于景公，其徒言臣臣、子子，则夫子是以周道而事君；然夫子所言不失君君、父父，已使君、父无所逃其形，无所逃其责，虽有君臣、父子上下尊卑之别，而人伦之正，责在全体，不在一偏；故知夫子之事君，秉直道而不移也！夫大经之不存，根本之不立，国中又谁能安心得食而享用也？

（十二）

子曰："片言可以折狱者，其由也与？"子路无宿诺。

【注解】

片言　半言；谓辞令之不费也。○

折　断也。

宿　留也，犹宿怨之宿。

【述要】

夫子道："片言只语便可以断狱者，他是子路吗？"子路有诺于民，无有宿积不办者，可知子路忠信慧敏，是非明火，且治政恭勤，行事有素；子路既已建信于民，故讼者之于子路，皆能陈其实情，而子路于纷纭之中，则无需费讼者过多之陈词，便可以道断矣。

（十三）
子曰："听讼，吾犹人也，必也使无讼乎！"

【注解】
讼　德教之不足，以致物有不和，情有不亲。○
无讼　礼乐之大有，可使万物相和，人情相亲。○

【述要】
　　夫子道："欲解纷讼，需听讼折狱，依法以断，我与他人不异呀！必欲纷讼得解，则审虑颇费，唯恐决有不周；而讼之不绝，以致刑法泛滥，又易使人心弄巧，人情浇薄；故推行教化，启发民德，以使天下无讼，岂不更好？"
　　听讼但解一时之弊，无讼可得长久之利，是知夫子虽许子路折狱之贤，而礼乐运深，德化行广，是其所期待于子路也！

（十四）
子张问政。子曰："居之无倦，行之以忠。"

【注解】
居　谓存诸心。
无倦　则始终如一。
忠　敬直无私，诚实不欺。○

【述要】
　　子张问如何为政？

夫子道："居位劳思图民生而不倦，行政施令效王命而有忠。"

居之无倦，盖因其能为立人之仁，行之以忠，盖因其能尽为臣之义；故仁义不废，则政治有成。

（十五）
子曰："博学于文，约之以礼，亦可以弗畔矣夫！"

【述要】
夫子道："于文献典籍、于圣贤言行无所不学，无所不效，内心约反于天性之率真，行止约反于世法之规范，便可以从容中道而无有背离了。"

（十六）
子曰："君子成人之美，不成人之恶。小人反是。"

【注解】
成　诱掖奖劝以成其事也。
美　人之可欲者。○
恶　人之不可欲者。○

【述要】
夫子道："君子自有其美而能知人之美，故君子亦能劝进奖成他人之美；君子恶恶而能自攻其恶，故亦不助成他人之恶。小人反此而为。"

成人之美，仁情所以厚，而风教由兴；成人之恶，嫌隙所以深，而风俗堪忧！

（十七）

季康子问政于孔子。孔子对曰："政者，正也。子帅以正，孰敢不正？"

【注解】
政者 导正人心也。○
正 一止于王道也。○
敢 欲以邪犯正，有不自明之意。○

【述要】
　　季康子问如何为政？
　　夫子道："为政之本，在从正道。国之正卿能率邦家以正道，谁敢不正呢？"
　　日月在上而天下无不明，正者在上而天下无不正；天道人事之一贯，是夫子之教也！

（十八）

季康子患盗，问于孔子。孔子对曰："苟子之不欲，虽赏之不窃。"

【注解】
盗 仁爱之未及也。○

【述要】
　　季康子患国中多盗，请教如何息盗？
　　夫子道："若正卿无多欲求，节用以推仁，则劝善所至，仁政所施，百姓向化尚不及，奈何以利诱之，故虽行窃有赏，国中也无盗患啊！"

君子唯患仁之不足，非患盗之不止也。

（十九）
季康子问政于孔子曰："如杀无道，以就有道，何如？"孔子对曰："子为政，焉用杀？子欲善，而民善矣。君子之德风，小人之德草。草上之风，必偃。"

【注解】
杀 为政不善也。〇
风者 协律从时，为天地之使也；其无孔不入，无物不被，故以形容君子之德教也，生民无不润其泽。〇
小人 平民也。〇
草者 可承风饮露而丰神秀茂，其德量宽和，无地而不生也，故可以形容生民。〇
偃 仆也。

【述要】
　　鲁正卿季康子请教夫子政事："如杀无道之人，以使天下就范于有道，如何呢？"
　　夫子道："正卿为政，为何用杀呢？正卿所思是善，所欲循善，而邦国人民便能劝善进德了。君子居上之德，如风之扬扬，小人居下之德，如草之盈盈，风其来拂，草必为之偃仆而倾啊！"
　　为政不由君子，焉能去杀以就有道？夫子以风草喻之已明。而止杀，夫子之谏在君，而其仁爱在民也。

（二十）
子张问："士何如斯可谓之达矣？"子曰："何哉，尔所谓达者？"子张对曰："在邦必闻，在家必闻。"子曰：

"是闻也,非达也。夫达也者,质直而好义,察言而观色,虑以下人。在邦必达,在家必达。夫闻也者,色取仁而行违,居之不疑。在邦必闻,在家必闻。"

【注解】
士　学以居位者。○
达　立己之有余而立人也。○
闻　为善之不足而自行伪也。○
言　可变之以事态。○
色　可变之以情状。○

【述要】
　　弟子子张问:"士者如何则可以称达呢?"
　　夫子反问道:"你所谓之达者何为?"
　　子张答:"必驰声名而闻于邦国之中,闻于卿大夫之家。"
　　夫子道:"这是名闻,不是达啊。能称达者,本性率直而不邪,为学好义而勇为;察言应对而不失,观色接物而有余;凡所虑之事,皆能下通民情,下惠人民。如此之人,必达于邦国,达于室家了。至于名闻者,其容色假取仁貌而行背仁义,久处不仁而自以为仁,却从不自疑。这样之人确实也能驰虚名而闻于邦国之中,闻于室家之内了。"
　　闻达只一字之差,已界仁与不仁,知夫子修辞,唯就其事实而但惜一字。

(二十一)

樊迟从游于舞雩之下,曰:"敢问崇德、修慝、辨惑。"子曰:"善哉问!先事后得,非崇德与?攻其恶,无攻人之恶,非修慝与?一朝之忿,忘其身,以及其亲,非惑与?"

【注解】

修 谓闲邪存正。○
慝 邪恶也。○
攻 治也,击也。○
忿 无端之怒。○

【述要】

弟子樊迟从游于舞雩台下,一时有疑:"敢问如何崇德、修慝、辨惑?"

夫子道:"所问善呀!行事在他人之先,计得在他人之后,这不是崇德吗?攻治自身之恶,不攻击他人之恶,这不是去慝修身吗?一时忿恨不平,不能息心宁身而忘危,以至于周顾所亲之人,这不是困惑不辨吗?"

德之大者,莫过于泛爱众生而先事后得,此谓仁义;慝之大者,莫过于专攻人恶而不责己过,以至仁义有亏;惑之大者,莫过于一朝之忿而障蔽其心,以至仁义不显。是故辨惑以就明,可以显仁义;修慝以闲邪,可以正仁义;崇德以行善,可以富仁义,因此岂可不知,樊迟之问能发人于仁义之深省,故为夫子所善;而夫子应时随意之答,似泛泛而论,皆已切问题之大要,故其称圣之时者,不亦宜乎?

(二十二)

樊迟问仁。子曰:"爱人。"问知。子曰:"知人。"樊迟未达。子曰:"举直错诸枉,能使枉者直。"樊迟退,见子夏。曰:"乡也,吾见于夫子而问知,子曰:'举直错诸枉,能使枉者直。'何谓也?"子夏曰:"富哉言乎!舜有天下,选于众,举皋陶,不仁者远矣。汤有天下,选于众,举伊尹,不仁者远矣。"

【注解】

爱人 仁之施。

知人 知之务。

陶 音遥。

伊尹 汤之相也。

【述要】

　　弟子樊迟问如何是仁？

　　夫子道："仁者爱人。"

　　又问："如何是智？"

　　夫子道："智者知人。"樊迟一时未能达意。

　　夫子又道："举用正直之士取代枉曲之人，能使枉曲者知正而向直。"

　　樊迟揖拜而退，见子夏说："方才，我见于先生而问智。先生道：'举直错诸枉，能使枉者直。'如何理解呢？"

　　子夏欣喜说："先生之言寓意丰富啊！帝舜治有天下，择贤于众，举用皋陶，不仁者便远声匿迹了；帝汤治有天下，择贤于众，举用伊尹，不仁者便远声匿迹了！不仁者何必举直错枉，不智者何以知人善用，故先生所说'举直错诸枉'，便是仁者爱人，智者知人啊！而爱人必欲去不仁，知人必知不仁之能去，故'能使枉者直'，便也是仁者爱人，智者知人啊！"

　　子夏解会开合，善言逴集，盖因夫子之言理势既备，有开百川之劲力，学者但自疏决，一引泉流而成洪涛之势也。

（二十三）

子贡问友。子曰："忠告而善道之，不可则止，无自辱焉。"

【注解】

道　导也。○
不可　情理不允，恕道不容。○
止　以智道断，不使不善加身。○
自辱　劝善不成反为攻恶，彼生怨怼而自取其辱。○

【述要】

弟子子贡问交友之道？

夫子道："忠美之言以奉告，恂诚之礼以善导，见不可便止，不可自取羞辱而绝友。"

君子善止，以其智也，止于至善，以其仁也。

（二十四）

曾子曰："君子以文会友，以友辅仁。"

【注解】

友　同道之人。○

【述要】

曾子说："文以载道，故君子既欲求道，必有文以自许，其所学所思、所言所行无不在文；君子与友以文道为交契，以礼文为周旋，以诗文为高兴，以温文为劝勉。故君子与友必以文会，无文不足以会友啊。君子之所怀，道德也，所行，仁义也，君子务于成己，而后成人，成己成人乃君子之仁，而推仁于天下，乃众君子之志啊！故君子交友，不唯相互辅仁，更为相互增益所能而推仁及远，以赞天下之仁，辅成天下之仁啊！"

无文不足以会友，无友不足以辅仁。

子路篇

子路第十三

凡三十章

（一）
子路问政。子曰："先之劳之。"请益。曰："无倦。"

【注解】
政 仁爱德教之不止也。○

【述要】
　　弟子子路问如何为政？
　　夫子道："凡王化之教，政令之施，民力之使，无不先于他人而劳心劳思，无不先于他人而劳辛劳苦。"
　　子路请再多训导。
　　夫子道："先之劳之而永无倦怠。"
　　盖人心一体同仁，上位先劳者动心仁爱，涟沦远播而有仁心之互从，仁心交互以应命，即为为政。无倦则动心仁爱之不止，而其为政以德亦不止也。

（二）
仲弓为季氏宰，问政。子曰："先有司，赦小过，举贤才。"曰："焉知贤才而举之？"曰："举尔所知。尔所不知，人其舍诸？"

【注解】
政 举用贤才以成天下之事者也。○
有司 专司之职。○

【述要】

弟子仲弓为季氏家臣，问如何为政？

夫子道："己所专司，先自尽责而不渎，以表率于众官；众官虽有小过，而小过乃人所不免，岂可求全，当以德宽赦而不滥用刑法；遇有贤才，必举以大用。"

又问："如何知有贤才而举用呢？"

夫子道："但凡所遇之贤才，尽可举用。举贤之名既然在外，你所不能遇知之贤才，他人如何会舍之而不举荐呢？贤才又如何会自舍而不自荐呢？"

先有司，则贤者信服；赦小过，则贤者亲近；举贤才，则贤者有用。

（三）

子路曰："卫君待子而为政，子将奚先？"子曰："必也正名乎！"子路曰："有是哉，子之迂也！奚其正？"子曰："野哉由也！君子于其所不知，盖阙如也。名不正，则言不顺；言不顺，则事不成；事不成，则礼乐不兴；礼乐不兴，则刑罚不中；刑罚不中，则民无所措手足。故君子名之必可言也，言之必可行也。君子于其言，无所苟而已矣。"

【注解】

卫君 谓出公蒯辄也。○

奚 疑辞。○

正名 正，名位之实也。正名，自正其君名。是时出公不父其父而祢其祖，名实紊矣，故孔子以正名为先。○

迂 曲回而不切也。○

野 未能从教也。○

名 百事万物之所归。○

言	物情事态之运。○
事	运筹诸般以使事物各归其名,故事者有立名之功也。○
礼	事得其序。○
乐	情得其和。○

【述要】

弟子子路问:"出公正虚位以待先生为其治国,先生将先从何处着手呢?"

夫子道:"出公拒其父蒯聩而自为卫君,得国不正;得国不正,则其君名不正,不正则必不符实啊,那应当先自正其君名吧。"

子路不满说:"有这样吗?先生所说迂阔而不切实际吧,国君正名之大事,我等如何能做呢?"

夫子道:"仲由啊,你如何这般野鄙而不明事理!为君子者,于其所不知,应当阙疑待问,如何能率尔妄对呢?得名不正而不能符实,那言论便不能顺通事理,通达人情;言论不顺通情理,那事无据实便无事可成了;事无可成,礼乐无由可兴;礼乐无由可兴,刑罚便不能中正不偏;刑罚不能中正不偏,那人民便手足无措了。因此,唯有名实相符而可以为君子所称正;为君子所称正,君子方可以言而据实;言而可信,然后君子所言方可以付之于行。故欲为君子者,至少于其言行无所苟且吧!"

出公若能悔过而往迎其父,以使其父免于流落之苦,亦可使人心归向;其父或可见化于其子之仁孝而重叙人伦,并顺此人心而逊让,则出公之君名可得而正矣。故知夫子正名之言非虚妄之发也。

名乃百事万物之所归,名不正则事物纷杂,情态错乱,欲言之而无顺遂,欲行之则有阻隔,终难成事功矣。夫子正名之教,盖欲正礼义之显名,昌伦理之大言,从而有王业之顺治也。

（四）

樊迟请学稼，子曰："吾不如老农。"请学为圃。曰："吾不如老圃。"樊迟出。子曰："小人哉，樊须也！上好礼，则民莫敢不敬；上好义，则民莫敢不服；上好信，则民莫敢不用情。夫如是，则四方之民襁负其子而至矣，焉用稼？"

【注解】

稼 种五谷。
圃 种蔬菜。
小人 不求为君子者。○
襁 织缕为之，以约小儿于背者。

【述要】

弟子樊迟请学五谷稼穑？
夫子道："我不如老农。"
樊迟请学蔬菜种植？
夫子道："我不如老圃。"
樊迟揖拜而出。
夫子道："樊迟是不欲求为君子而甘为小人吗？君子居上位而好礼，那人民不敢不敬而好礼；君子居上位而好义，那人民不敢不服以向义；君子居上位而好信，那人民不敢不用真情而笃诚。君子居上如此，那四方之民必襁衣背负其子而来了。因此欲为君子者，岂能仅以稼穑之能以感召人民、治国为政呢？"

夫好礼好义好信，君子之务本也，本立而政治。以樊迟之知，遽言本立之务，或未得时宜，故夫子未言之当面。而不求务本者，不亦小人乎？则夫子之责似在樊迟，不亦在不求务本者乎?

（五）
子曰:"诵《诗》三百，授之以政，不达；使于四方，不能专对；虽多，亦奚以为?"

【注解】
专　独自专任以应对。○

【述要】
　　夫子道:"《诗经》三百，若能熟读成诵，深晓其义，可以博洽人情，敏通物理，其于地方风俗之薄厚、天下政治之得失，便可以观风验证了；且通《诗》可以言微以讽喻，辞达以议论，褒贬之间不失温厚；故《诗》不唯诗，乃有政教存焉。然以国政相授，却昧于民风民意，政情政事，于治无所裨益；而奉君命召，使于四方诸侯以聘问，又不能歌《诗》乐，竞尚《风》《雅》以酬答往来；那熟知《诗经》三百，虽说不少，又如何能化诗为用呢?"
　　学以致用，方可谓学矣。

（六）
子曰:"其身正，不令而行；其身不正，虽令不从。"

【注解】
身正　道行未屈，德教洵良，仁爱聿昭，义节方举，礼则且从，智识惟明，信诚于立。○

【述要】
　　夫子道:"君子恭居上位，言行合义而处身端正，虽无发令强制而政令自行；小人尸居上位，言行背义而处身不正，虽发令强行而政令无人听从。"

身正则令，身不正则无令，正之与令莫之能分也！

（七）

子曰："鲁卫之政，兄弟也。"

【注解】
鲁　周公之后。
卫　康叔之后。

【述要】
　　夫子道："鲁为周公之后，卫为康叔之后，鲁卫本兄弟之国；而鲁卫两国，君失君道，臣失臣道，乱政何其相似，看来真是一对难兄难弟啊。"
　　政治得失不能不议也。君子清议得失，刺时以明君也，刺时以明天下也；纵有君之不明，犹有天下之明而使为君者形无所遁，责无所逃也。而君子议政必以王道为衡，故君子虽无位，亦可使王道横陈乎宇内，悬鉴于天下也。

（八）

子谓卫公子荆，"善居室。始有，曰：'苟合矣。'少有，曰：'苟完矣。'富有，曰：'苟美矣。'"

【注解】
公子荆　卫大夫。
合　凑也。○
完　不缺也。○
美　好也。○

【述要】

　　夫子称赞公子荆道:"他善于修身齐家。家中始有薄财,其不嫌量少,则言:'姑且凑合了吧。'等稍有财货,其不欲贪多,则言:'暂且不缺了吧。'而等家中富有,更无矜夸之色,则言:'聊且算好了吧。'"

　　有德者必有善言,有德者必能善言。

(九)

子适卫,冉有仆。子曰:"庶矣哉!"冉有曰:"既庶矣,又何加焉?"曰:"富之。"曰:"既富矣,又何加焉?"曰:"教之。"

【注解】

仆　御车也。
庶　众也。

【述要】

　　夫子去往卫国,弟子冉有驾车。
　　夫子道:"卫国人民真多呀!"
　　冉有问:"既然人民众多,于民生又须增益什么呢?"
　　夫子道:"劝课农桑,货财有通,薄徭轻赋,使人民富裕。"
　　又问:"富了又加如何呢?"
　　夫子道:"明圣人之教以教化之。"
　　富而无教则德性不显,礼法不明;此二者,祸乱之所由生也。夫子明教,亦明地方之治也。

(十)

子曰:"苟有用我者,期月而已可也,三年有成。"

【注解】

期月 谓周一岁之月也。
可 仅辞,言纲纪布也。

【述要】

其时诸侯无道,人民痛苦,夫子不无焦虑道:"如有用我治国为政,一年而已,便可布纲纪而就有道,三年便有成功可观了。"

王道如此,非夫子臆测之辞也。盖圣人治国,既以君子修明之德,又以富民且教之策。其体仁节用,上下莫不顺向,其率正敬事,朝野莫不信从,能举直而使贤者忠其职,能施惠而使劳者尽其事,则礼乐刑政之纲纪,期月而可布也;而其使民以时,不违农事,并使百工兴作,商贾流通,三年而不富足其民者,不可能也;期间教化不辍,政令时施,刑威不废,则可期者,民之知教有耻也。国之纲纪能备,民之既富且教,其不为治国之有成乎?

(十一)

子曰:"善人为邦百年,亦可以胜残去杀矣。诚哉是言也!"

【注解】

善人 以仁善自诩,却不屑于先王之道,故其昧于礼教德法。此暗喻当时诸侯。○
百年 言为治太久,盖不必如此。○
胜残 化残暴之人,使不为恶也。
去杀 谓民化于善,可以不用刑杀也。

【述要】

　　夫子无可奈何道："'非效法先王之道以敦行教化，而仅由善人劝善导善以为治邦之法，此须待百年之久，方能制服残暴、屏除杀戮吧。'此言诚然如是啊！"

　　人性虽善，犹需于人群之中，有德性具体之教与礼法细微之施，方能显用此人性之善而善成天下。而善人为邦，盖不知王道之重要，若无德性具体之教，礼法细微之施，此人性之善终难显用于人伦而善成。性善之不彰，纵有政令刑威，何能胜残去杀也！百年之待，生民何其沉痛！岂止百年，虽千年以往，亦未必能之！以善人为邦自诩者，当时诸侯往往有之，夫子奈何之言非是之之言也。

（十二）

子曰："如有王者，必世而后仁。"

【注解】

王　谓圣人受命而兴也。
世　三十年为一世。
仁　谓教化浃也。

【述要】

　　夫子道："如有倡王道、行王道之君子治世，也必有三十年，而后可以仁孚于民，教化成风啊。"

　　善人为邦，终不胜王道之治也！

（十三）

子曰："苟正其身矣，于从政乎何有？不能正其身，如正人何？"

【注解】

正其身 道、德、仁、义、礼、智、信之恒持也。○

【述要】

夫子道:"如于仁义,能信于己而身正,于法度纲纪,能立于己而身正,那从政治国有何不行呢?不能自正其身,又如何率政而树正人心呢?"

(十四)

冉子退朝。子曰:"何晏也?"对曰:"有政。"子曰:"其事也。如有政,虽不吾以,吾其与闻之。"

【注解】

晏 晚也。
政 一国之事也。○
事 一家之私也。○
以 用也。

【述要】

一日弟子冉有从季氏家私朝归来。

夫子道:"如何这般晚了?"

冉有说:"有政事以商。"

夫子道:"是季氏家事吧;如有政事,必关乎邦国,既是关乎邦国,虽然目前我不为国所用,也该听听吧。"

可与闻者公也,不可告人者私也,欲掩者其为公乎?以私废公,弊害之将不免,为夫子所患也。

(十五)

定公问:"一言而可以兴邦,有诸?"

孔子对曰:"言不可以若是其几也。人之言曰:'为君难,为臣不易。'如知为君之难也,不几乎一言而兴邦乎?"

曰:"一言而丧邦,有诸?"

孔子对曰:"言不可以若是其几也。人之言曰:'予无乐乎为君,唯其言而莫予违也。'如其善而莫之违也,不亦善乎?如不善而莫之违也,不几乎一言而丧邦乎?"

【注解】

几　简略而微,微而见期。〇

【述要】

鲁定公问:"一言而可以兴邦,有吗?"

夫子道:"既是兴邦之言,不可以言之如此简略而微,亦不可以一言之微而必期其效吧;有人感慨说:'为君难,为臣不易。'如能知晓为君之难,其必夙兴夜寐以勤政,知为臣不易,其必礼贤下士而体恤,这不几乎是一言而兴邦吗?"

又问:"一言而丧邦,有吗?"

夫子道:"既是丧邦之言,言之不可以如此简略而微,亦不可以一言之微而必期其效吧;有人直言:'我无乐于为君,唯言无禁忌,而他人无敢违拗于我,我方有所乐。'如他所言为善而无人违拗,亦不失为善;如他所言为不善而无人敢予违拗,这不几乎是一言而丧邦吗?"

从心所欲易,克欲从仁难,知其难者必有为之而后知;兴邦之事虽大,于为君者无非克欲从仁,克己复礼而已,故知为君之难者,其已知兴邦之要,已有兴邦之作为矣。丧邦之事亦大,而于为君者往往始于善言之不从;若为君者但以违顺厌乐取言,不以是非善恶定则,此已为丧邦之兆深矣!

（十六）
叶公问政。子曰："近者说，远者来。"

【注解】
近　国中之民。○
远　邦外之人。○
来　远而亲服。○

【述要】
　　叶公问如何是政治？
　　夫子道："善令惠政普及，近者无不欣悦；德教仁风广被，远者无不来服。"
　　政之具体，何其繁难！而何以验其效则极简，夫子归以"悦来"二字。而悦来由心，故为政之成是得天下之心也。然不以悦来之策，何能期悦来之政？故政治之归向，效绩之考量，定策之初心，皆可落于悦来二字。

（十七）
子夏为莒父宰，问政。子曰："无欲速，无见小利。欲速，则不达；见小利，则大事不成。"

【注解】
莒父　鲁邑名。

【述要】
　　弟子子夏为鲁邑莒父之宰，问如何为政？
　　夫子道："不求速成，不着眼小利。求速致必荒率不经，淆乱本末，反不达目标；而着眼小利，以致与道仿佛，错失势利，大事也无由可成了。"

为政，为学，盖无二道。

（十八）

叶公语孔子曰："吾党有直躬者，其父攘羊，而子证之。"孔子曰："吾党之直者异于是。父为子隐，子为父隐，直在其中矣。"

【注解】

直躬 直，事理不屈；躬，身也。此谓直身而行者。〇

攘 有因而盗。

直 亲亲不屈。〇

【述要】

叶公告诉夫子："我们乡邑有直道躬行者，其父窃人羔羊，而其子为证。"

夫子道："我们乡邑之直者可与此不同了。父为子有所隐瞒，子为父也有所隐瞒，这其中有人伦直道与父子真情啊！"

人伦者，乃天下国家之大经也。盖人伦亲亲之厚则有人，有家，有国，有天下也；而刑法之备实为辅成人伦也。若弃人伦亲亲，则敬爱、孝悌、忠信之失，已使人而不人，家而不家，国而不国，天下而不天下也，虽有刑法之备，亦复何益？若以人伦亲亲为大，而有敬爱、孝悌、忠信之存全，复有刑法之辅，终可以劝善迷误者弃邪执而复归于人伦之正，从而有人、有家、有国，有天下也。故刑法一时之损，不能害人伦亲亲之义以益之，当许容隐，方寻他途以补之。

又，亲亲、事理，皆有直道之可寻，而亲亲本乎仁，事理归乎仁，故亲亲为大，事理次之；而隐乎所隐之亲亲在我，是非公断之事理在天下，故亲亲之存未害于事理之存也。

又虽有所隐,为父者可以训子以正,为子者可以谏父以诚,或使攘者自首于有司,或羊归其主以私了,亦或有其他止恶之法。夫子虽未言此,而其明德之教,孝义之论,洋洋乎盛矣,循教从论而绎之者终能得法,故无缺乎此未言也。是知夫子之所谓隐者,绝非隐其事而掩其恶也,而其所谓直者,亲亲之外,必有劝善也。

(十九)
樊迟问仁。子曰:"居处恭,执事敬,与人忠。虽之夷狄,不可弃也。"

【述要】
　　弟人樊迟问为仁?
　　夫子道:"或闲居、或独处,不放纵、不懈怠,而容色有恭;执职行事,循义遵章,而允中和敬;与人交往、与人谋事,须信实诚勉,尽力而忠;至他乡异邦,虽风俗不同,亦须固守之而不弃用啊!"
　　人之为仁,虽之夷狄亦不可弃,虽之四海亦无所易,是谓远近一体,夷我同仁也。

(二十)
子贡问曰:"何如斯可谓之士矣?"子曰:"行己有耻,使于四方,不辱君命,可谓士矣。"曰:"敢问其次。"曰:"宗族称孝焉,乡党称弟焉。"曰:"敢问其次。"曰:"言必信,行必果,硁硁然小人哉!抑亦可以为次矣。"曰:"今之从政者何如?"子曰:"噫!斗筲之人,何足算也。"

【注解】

果　必行也。
硁　小石之坚确者。
噫　心不平声。
斗　量名，容十升。
筲　竹器，容斗二升。

【述要】

　　弟子子贡问："如何作为可以称士呢？"
　　夫子道："仁、义、礼、智、信，若己行不足，皆感羞耻；奉君召使而外交于四方，不辱君上之命，可以称士了。"
　　又问："敢问其次如何？"
　　夫子道："在宗族，人人称他孝顺，在乡邑，人人称他悌爱。"
　　又问："敢问再其次如何？"
　　夫子道："出言必建信于人，行事必果决有终，是所谓'言必信，行必果'。此言听似坚石硁然相撞之声，又似小人信誓旦旦之言，而言语虽次，亦可以称士呢！"
　　又问："当今从政之诸公如何？"
　　夫子道："咳！人之器局，一旦斗量筲取，又如何值得算数呢？"
　　言信行果，立身也；称孝称弟，立家也；有耻不辱，立国也；故因所立而次第士人。而为一己之私，徒算斗筲之利者，其无所立，岂可称士。

（二十一）

子曰："不得中行而与之，必也狂狷乎！狂者进取，狷者有所不为也。"

【注解】

行 道也。
狂者 志极高而行不掩。
狷者 知未及而守有余。
有所不为 不苟合。○

【述要】

夫子道:"学者若不得与中道之人相处,必当与狂狷者相往吧!狂者自视才学出众而汲汲于功业,狷者则自视德品逸群,固自守洁而无所苟合啊!"

狂狷者虽非中行,犹不失向道之心,故皆可与之。

(二十二)

子曰:"南人有言曰:'人而无恒,不可以作巫医。'善夫!""不恒其德,或承之羞。"子曰:"不占而已矣。"

【注解】

南人 南国之人。
恒 常道常理之能明而安处焉。○
巫 可以交神明以祈福者也。○
医 可以知生理以治病者也。○
不恒其德,或承之羞 《易》恒卦九三爻辞。承,受。○

【述要】

夫子道:"南方之人有言说:'为人而不能处常道常理之有恒,则不可以由巫医作祝祷与治疗。'所言善呀!人无恒德,巫医亦无可奈何之。"

《易经》恒卦九三之爻辞说:"不能恒常其守道循理之德,或将承羞蒙耻而不吉利。"

夫子道："此爻辞于无恒之人而言，便是不需占卜便已知其结果之断辞吧！"

夫天道恒常而元亨利贞，而人之生也，无不得天命而有其常，故人自有其明明之性与生生之理，自能得其天福与天寿也。而无恒者不能守其常，故无恒者不能交神明以承天福，不能顺生理以尽天寿，岂其有羞辱凶祸之能免？其又何能接福禄于巫祝，寄寿命于医治也？

（二十三）
子曰："君子和而不同，小人同而不和。"

【注解】
和　无乖戾之心。
同　有阿比之意。

【述要】
夫子道："君子求仁尚义，途经虽有不同，而其求取仁义无有不同，因此君子始终趋于仁义而和；至于小人，徇私尚利之心无不相同，而利有大小多寡之分，因此小人始终趋于私利而不和。"

同者常见小人之性，和处多闻君子之德。

（二十四）
子贡问曰："乡人皆好之，何如？"子曰："未可也。""乡人皆恶之，何如？"子曰："未可也。不如乡人之善者好之，其不善者恶之。"

【述要】
  弟子子贡问:"一乡之人皆言其好,他便是好了,如此推断如何?"
  夫子道:"不可以啊。"
  又问:"一乡之人皆言其恶,他便是恶了,如此推断如何呢?"
  夫子道:"不可以啊。不如说,乡邑中善良之人皆言其好,那他便好了;而乡邑中善良之人皆厌恶其不善,那他便为恶了。"
  唯善者知人之善恶。

(二十五)

子曰:"君子易事而难说也:说之不以道,不说也;及其使人也,器之。小人难事而易说也:说之虽不以道,说也;及其使人也,求备焉。"

【注解】
君子 其心公而恕也。
器之 谓随其材器而使之也。
小人 其心私而刻也。

【述要】
  夫子道:"君子宽仁厚爱,易与共事,且崇学尚道,不易喜形于色,不以道业进步而有所取悦,君子不悦;至于君子用人,唯以器量才具定夺。小人薄情寡义,难与共事,且喻利苟私,喜形于色,取悦虽不以正道,有苟得之利即可悦之;至于小人用人,往往责备求全。"
  君子易事,是其克己之能也,小人难事,是其责人之使也,克责之异,可以分君子小人;而事之难易,亦可以分君子小人也。

(二十六)
子曰:"君子泰而不骄,小人骄而不泰。"

【注解】
不泰 危而不安。○

【述要】
　　夫子道:"君子上交于道,下通于民;其上交于道,而道体常恒,其下通于民,而民心本善,所以君子安然泰处;君子在家行孝,在邦行道,而行道无有穷时,行孝无时敢失,所以君子谦抑自退,不敢骄慢。小人上下不通,无所畏惧,唯势利是从,所以恃势凌人,常为骄慢而不自谦,却不知势力一时,失之则身倾,故其身处疾危而不自知啊。"

(二十七)
子曰:"刚、毅、木、讷,近仁。"

【注解】
刚 道之正直也。○
毅 志之坚贞也。○
木 质之强实也。○
讷 言之持重也。○

【述要】
　　夫子道:"仁之为性也,其如丽日,热情灼灼,又如明月,清怀穆穆,其纯纯然而无杂,自在充盈,守其常者莫不沉厚忠悃而言行谨持；而人往往徇私屈物使之蒙尘获垢，黯然失色，以至轻薄险躁，言行失伦。故能刚直而寡欲，坚毅而不屈，木强而有实，言讷而迟重者，则近乎仁了。"

（二十八）
子路问曰："何如斯可谓之士矣？"子曰："切切、偲偲、怡怡如也，可谓士矣。朋友切切、偲偲，兄弟怡怡。"

【注解】
士　男子之美称也。○
切切　恳到也。
偲偲　详勉也。
怡怡　和悦也。

【述要】
　　弟子子路问："如何便可以称士呢？"
　　夫子道："切切而诚，偲偲而勉，怡怡而和，可以称士了。其既为士也，尊道德，重学问，和乐平易，实为恺悌君子；故其与人交往，或如朋友，切切然恳诚相见，偲偲然砥砺互勉，或如兄弟，怡怡然和乐熙睦。"

（二十九）
子曰："善人教民七年，亦可以即戎矣。"

【注解】
善人　多先天质美而少后天王道之教者。○
七年　言其久矣。○
即　就也。
戎　兵也。

【述要】
　　夫子讽谏道："善人虽先天质美，却昧于圣人之教，不知仁义之最贵，不知蹈仁可以亡，赴义可以死，故其无有仁义之勇以教民，加之讲武之不足，而欲其民卫其邦，死其国，至少需待七年以上，方可勉强使民为兵以战吧！"
　　文武之道皆备于圣人，圣人不唯以孝、悌、忠、信教民，且其射御之教通乎兵阵讲武之法，可使民尚义、有信、知耻、兼勇。子路尝言若以圣人之教为千乘之国，能三年而使民有勇，何况圣人亲教。善人不谙圣人之教，故其教民之能多有不及也，则其国何以能安？若尸位诸侯者纵多标榜仁善，而不重王道，则其教可知矣！

（三十）
子曰："以不教民战，是谓弃之。"

【注解】
以　用也。
弃　舍之而一无亲爱之意。○

【述要】
　　夫子痛斥道："不行圣人之教，人民生而不知孝悌之仁，死而不知忠信之义，更无演阵知兵，讲武习战，便驱民战伐，此必成败亡之祸，是暴弃人民啊！"
　　善人教民，其有教乎？其民即戎何异于弃也！当时诸侯深拒王道，故往往如此。

宪问篇

宪问第十四

凡四十七章

（一）
宪问耻。子曰："邦有道，谷；邦无道，谷，耻也。"

【注解】
宪　原思名。
谷　禄也。
耻　无能知理明道。○

【述要】
　　弟子原宪问如何知耻？
　　夫子道："邦国有道，徒知求仕干禄，不愿就道行教；邦国无道，不知守死善道，徒知求仕干禄。有此二者，皆是不知有耻啊！"
　　耻之不知，何以明道；道之不明，何能知耻！

（二）
"克、伐、怨、欲不行焉，可以为仁矣？"子曰："可以为难矣，仁则吾不知也。"

【注解】
克　好胜。
伐　自矜。
怨　忿恨。
欲　贪欲。
仁　德业有成。○

【述要】
　　弟子原宪问："克而好胜、伐而自矜、怨而忿恨、欲而多私，不行此四者，可以说是仁了吗？"
　　夫子道："可以如此已属不易，至于是否已是仁，我还未能断知啊。"
　　仁者，德行其先，功业其后，功成而德弗失，方可谓仁矣。徒论克、伐、怨、欲之不行，而无论事功，何能知全乎仁也？又何能具足乎仁也？

（三）
子曰："士而怀居，不足以为士矣。"

【注解】
居　谓意所便安处也。

【述要】
　　夫子道："士者怀仁而爱人，怀义而思忠，必不能停居安享，其有王道之指归，有乐土之志求，故将行教之不倦，而经事之不止也，其生涯宁有息乎？故怀居思安者难以称士了。"

（四）
子曰："邦有道，危言危行；邦无道，危行言孙。"

【注解】
危　高峻也。
孙　卑顺也。

【述要】
　　夫子道："邦国有道，言行高峻而不同时流，可深切以就有道；邦国无道，行可高峻深切以补无道之不足，而言须谦逊以避无道之为祸。"

有道无道，君子无不有行，无不可行也。

（五）
子曰："有德者必有言，有言者不必有德；仁者必有勇，勇者不必有仁。"

【注解】
有德者 和顺积中，英华发外。
勇者 或血气之强而已。

【述要】
夫子道："有德者不负天之生人，必欲使人伦美善，故其必有嘉善之言以赞化；而有言者，若为方便口给，则内心不必有德。仁者无私己之心，必能好义而有勇；而勇者，可以为其私欲以逞强，内心不必有仁。"

（六）
南宫适问于孔子曰："羿善射，奡荡舟，俱不得其死然；禹稷躬稼，而有天下。"夫子不答，南宫适出。子曰："君子哉若人！尚德哉若人！"

【注解】
南宫适 即南容也。
羿 有穷之君。
奡 春秋传作浇，浞之子也。

【述要】

　　弟子南容问："夏代有穷国之君羿，其为善射，其臣寒浞之子奡力大无穷，能荡覆敌舟，然羿灭夏之后相而篡夺其位，却为其臣寒浞所杀，寒浞之子奡又为夏后少康所诛，羿奡二人俱不得尽天命而善终。而禹平水土，受舜禅让而有天下，后稷播种百谷，躬身稼穑，后代至周武王而有天下。以羿奡之残杀不可以保身，以禹稷之仁德可以得天下，是这样吗？"夫子目许之而未答。

　　南容揖拜而出。

　　夫子称许道："能如此发问之人，必为君子啊！其必崇尚仁德啊！"

　　南容言简义备，夫子何必作答？但送目以许之。师徒目交神契之状，令人向往！

（七）
子曰："君子而不仁者有矣夫，未有小人而仁者也。"

【注解】

仁　君子之所务也。〇

【述要】

　　夫子道："君子有时省察不及或至不仁，过后皆能改过向正，依仁之心未尝有变。小人志不在仁，从未见小人有仁啊。"

（八）
子曰："爱之，能勿劳乎？忠焉，能勿诲乎？"

【注解】

之　爱之所在，唯生民为大。○
焉　忠之所在，唯王道是尊。○
诲　教示以正。○

【述要】

夫子道："若爱生民，其必以生民之福祉为向往，则何能辞劳之不怨？若忠王道，其必以王道之贞正为崇尚，则何能辞诲人不倦？"

勿劳勿诲，必无忠爱可言。

（九）

子曰："为命，裨谌草创之，世叔讨论之，行人子羽修饰之，东里子产润色之。"

【注解】

为命　造政令、会盟之辞。○
草　略也。
创　造也，谓造为草稿也。
世叔　游吉也，春秋传作子太叔。
讨　寻究也。
论　讲议也。
行人　掌使之官。
子羽　公孙挥也。
修饰　葺理之而使整齐、明洁。○
东里　地名，子产所居也。
润色　谓加以文采、节调也。○

【述要】

夫子道:"辞命出天子而诏令天下,乃国之大政,不可不慎。凡郑国须颁布国令,或应对诸侯之文,所造辞命皆由大夫裨谌先行草制,大夫世叔探讨议论,掌使之官子羽增损修饰,最后由东里子产以文采润色之!"

政令之辞,尚需四贤以合力,况王政之施也,故邦国无贤者不治。

而夫子所言未尝不是文章之道也。盖文章之初,莫不先篇幅草创,样貌粗构;而事理取舍之要,因以敷衍之迹,需斟酌之,讨论之;一旦定夺,则文之冗散能修,语之疵病但饰,而后有条序之允明,大意之中肯也;又加文采以润色,复增节调以通气,则庶几乎锦绣之文章可期也!

(十)

或问子产。子曰:"惠人也。"问子西。曰:"彼哉!彼哉!"问管仲。曰:"人也。夺伯氏骈邑三百,饭疏食,没齿无怨言。"

【注解】

子西 子产之同宗兄弟,相继执政。〇
彼哉 外之之辞。
人 成才也。〇
伯氏 齐大夫。
骈邑 地名。
齿 年也。

【述要】

有人问子产如何?

夫子赞叹道:"子产之政,不专于宽,然其心则一以爱

人，能予人民恩惠呀！"又问子产同宗兄弟子西如何？夫子不以为然道："他啊！咳，是他啊！"

又问管仲如何？

夫子道："人才啊，齐桓公削夺大夫伯氏之骈邑，邑中三百家尽归于管仲，而伯氏餍服管仲之功，粗食为饭，终身无怨言。"

善为政以惠人，能立功而服众，非贤者其孰能为之？

（十一）
子曰："贫而无怨难，富而无骄易。"

【述要】
夫子道："万物皆备于人，若王道得运，富厚本人人应有，故为富者何足算之；而为贫者堪可怜之，其为人道之不幸，亦为天地所不忍也。因此而言，贫约而无怨怼之心，比较难为，非乐道君子不能；而富厚不生骄慢之心，较为易行，初学君子便能。"

（十二）
子曰："孟公绰为赵魏老则优，不可以为滕薛大夫。"

【注解】
公绰 鲁大夫。
赵魏 晋卿之家。
老 家臣之长。
优 有余也。
滕薛 二国名。
大夫 任国政者。

【述要】

　　夫子道："孟公绰廉不苟取,可以持身齐家;即便如晋国之大,其于上卿赵氏、魏氏家中为室老,亦绰绰有余。而滕、薛两国虽小,犹需大夫以敷陈文教,明法饬令,或助君以礼,外交诸侯,然以公绰之才,尚不具备。"

　　有廉能可以持家,无文教不足以为政。

(十三)

子路问成人。子曰："若臧武仲之知,公绰之不欲,卞庄子之勇,冉求之艺,文之以礼乐,亦可以为成人矣。"曰："今之成人者何必然？见利思义,见危授命,久要不忘平生之言,亦可以为成人矣。"

【注解】

成人　成邦国有用之人。○
武仲　鲁大夫,名纥。
庄子　鲁卞邑大夫。
授命　言不爱其生,持以与人也。
久要　旧约也。
平生　平日也。

【述要】

　　子路问如何为"成人"？

　　夫子道："有臧武仲之智聪,可以辅君;有孟公绰之廉仁,可以齐物;有卞庄子之勇武,可以塞责;有冉求之通艺,可以专对泛应。加之礼以节正,乐以调和,这便可以称之为'成人'了。"

　　子路说："今人谈论'成人',何必如此呢？能见利思义,见危授命,于久要之约,不敢忘平生诺言,亦可以为

'成人'了吧。"

夫子从具体而说要,子路就时务以论成,圣贤一鼓一吹,已成大言。

(十四)

子问公叔文子于公明贾曰:"信乎夫子不言、不笑、不取乎?"公明贾对曰:"以告者过也。夫子时然后言,人不厌其言;乐然后笑,人不厌其笑;义然后取,人不厌其取。"子曰:"其然,岂其然乎?"

【注解】
公叔文子 卫大夫公孙拔也。
公明贾 公明姓也,贾名也;亦卫人。
夫子 文子也。○

【述要】
夫子向公明贾问及公叔文子:"人说文子不言,不笑,不取呀,确有其事吗?"

公明贾回答说:"非是如此,因告者之过而有误会。文子合于时宜,然后有言,言不失度,他人不厌其言;乐众人之善,然后有笑,笑不失节,他人不厌其笑;见义不苟,然后有取,取不失宜,他人不厌其取。"

夫子道:"这样啊,难道真是这样吗?"言间不掩赞许之色。

虽王道难行,而贤者时闻,夫子德之不孤,其能无喜色?

(十五)

子曰:"臧武仲以防求为后于鲁,虽曰不要君,吾不

信也。"

【注解】
防　地名，武仲所封邑也。
要　有挟而求也。

【述要】
　　夫子正色道："臧武仲获罪出奔邾国，又从邾国回所封之邑防地，欲请鲁君以防地封赐其后嗣。其罪不容于法，何以请封？且其强行据邑，又据邑以强请，这是强君而僭礼；虽说其陈辞谦卑，似非要挟鲁君而无有犯上作乱之意，我不信啊！"
　　好犯上者，其有忠乎？要君者，其为臣乎？

（十六）
子曰："晋文公谲而不正，齐桓公正而不谲。"

【注解】
晋文公　名重耳。
齐桓公　名小白。
谲　阴谋以行诈。○
正　仗义以执言。○

【述要】
　　夫子道："桓公文公，皆为诸侯盟主，虽借尊周而有攘夷之功，却未行尊周之实，皆于道有亏。然桓公于征伐、于匡合，尚能率正就义而不从谲犯险；文公之谋则多诡谲，不由正道取议。桓公率正，盖齐国未失太公遗风，未尝不可一变而至于鲁；而文公从谲，其于君子之德亦远，晋国则难有复正之望了。"

正谲不能不辨也,君之属正,则一国属正,君之从谲,则一国从谲。而王道者,正路也,属正者尚可归之,从谲者无所归之也,夫子之言谏于当时而警于后来也。

(十七)

子路曰:"桓公杀公子纠,召忽死之,管仲不死。"曰:"未仁乎?"

子曰:"桓公九合诸侯,不以兵车,管仲之力也。如其仁!如其仁!"

【述要】

弟子子路说:"管仲、召忽皆奉公子纠。桓公继位,使人杀公子纠,召忽为公子纠而死,管仲却请囚而不为公子纠殉难。似管仲这般苟且偷生,不仁吧?"

夫子道:"桓公屡为纠合诸侯以会盟,从而攘除夷狄,重尊周室;而其会盟诸侯不以兵车之威,这要归功于管仲之力呀!管仲不以兵车之威,是不以杀伐为功,而不以杀伐为功,足见管仲之仁啊!管仲之于天下,一如其仁,一如其仁啊!"

就王道而言,管仲虽不免器小,而就仁爱而言,管仲则为功多;夫子不以其非而掩其是,亦足见夫子仁爱之厚也!

(十八)

子贡曰:"管仲非仁者与?桓公杀公子纠,不能死,又相之。"子曰:"管仲相桓公,霸诸侯,一匡天下,民到于今受其赐。微管仲,吾其被发左衽矣。岂若匹夫匹妇之为谅也,自经于沟渎而莫之知也。"

【注解】

霸　与伯同，长也。
匡　正也；尊周室，攘夷狄，皆所以正天下也。
微　无也。
披发左衽　夷狄之俗也。衽，衣衿也。
谅　小节必以信，曰小信，故因不求大道之信也。○
经　缢也。

【述要】

　　弟子子贡问："管仲非仁者吧？桓公杀公子纠，管仲不能为公子纠殉难，却又为桓公辅相。"

　　夫子道："管仲相佐桓公，称霸诸侯，一统周室而匡正天下，人民至今仍受其恩惠。若无管仲，我等皆须被发左衽，沦为夷狄之俗了。他岂能如不见大义之匹夫匹妇，为固执小节以求谅，自寻轻死于沟渎之中，以致埋名损义，不为人知呢！"

　　桓公，兄也，公子纠，弟也，故桓公得国，其名正也，而管仲之私辅于纠以争国，则为名不正；然管仲犹能自弃不正而相桓公，就名正以建勋，实有功于社稷。称扬管仲，是夫子所倡君臣大义之一贯也！

　　夫子褒贬分明，不以管仲之不仁掩其仁；仁则褒扬，不仁则贬抑，可以使闻者欣其所仁，惧其所不仁，克其不仁而归其仁。以管仲之才，若能推其不杀之仁而至王道之仁，行尊周之实，则其勋业更著。然管仲已逝，虽其不可谏，犹有来者之可劝；来者若能见管仲之仁而思欲，见其不仁而能自省，终能大其仁爱而饶益众生也。夫子于春秋人物之褒贬，意在于此，而其笔削之力已深刻于书简。

（十九）

公叔文子之臣大夫僎，与文子同升诸公。子闻之曰：

"可以为文矣。"

【注解】
臣　家臣。
公　公朝。
文　顺理而成章之谓。

【述要】
　　僎是公叔文子之家臣，他以贤才为文子所举，与文子同升至公朝为臣。
　　夫子听闻后赞叹道："举贤之人，顺理而成章，公叔拔去世后可以谥为文啊！"
　　为政在贤才之用，能举贤才者，自然为夫子所善。

（二十）

子言卫灵公之无道也，康子曰："夫如是，奚而不丧？"孔子曰："仲叔圉治宾客，祝鮀治宗庙，王孙贾治军旅。夫如是，奚其丧？"

【注解】
丧　失位也。
仲叔圉　即孔文子也。

【述要】
　　夫子说起卫灵公无道。
　　康子问："既然如此，为何卫灵公不失位呢？"
　　夫子道："卫灵公虽然无道，而朝中尚有仲叔圉管理宾客接待，祝鮀管理宗庙，王孙贾管理军旅，正是如此，卫灵公如何会一时失位呢？"

无道之君，其用贤才尚能保一时之安，况有道之君，其尽用贤才，能无邦国之久安乎？

（二十一）
子曰："其言之不怍，则为之也难。"

【注解】
怍　大言不惭。〇

【述要】
　　夫子道："言过其实而不惭怍者，必诚实不足，而忠信可疑也；其人行事，亦必为之不足，而浮辞有余也；故其为事之难成，可想而知。"
　　言浮于事，则君子无功矣！

（二十二）
陈成子弑简公。孔子沐浴而朝，告于哀公曰："陈恒弑其君，请讨之。"公曰："告夫三子！"孔子曰："以吾从大夫之后，不敢不告也。君曰'告夫三子'者。"之三子告，不可。孔子曰："以吾从大夫之后，不敢不告也。"

【注解】
成子　齐大夫，名恒。
弑　谓下杀上。〇
简公　齐君，名壬。
讨　奉君严正之辞以伐罪。〇
三子　鲁之三家也。〇

【述要】

齐国大夫陈成子僭礼犯上而弑齐简公。

夫子沐浴而朝,告于哀公道:"陈恒弑君,请加征讨。"

哀公说:"请告知卿大夫孟孙氏、叔孙氏与季孙氏吧!"

夫子容色凝重道:"因我忝列大夫之后,不敢不告知君上呀;既然君使告知三子,我便照办了!"于是以君命往告三子。

三子以为不可。

夫子正色道:"因我忝列大夫之后,不敢不告知诸公啊!"

三子僭礼犯上已久,夫子明知鲁君已无征伐之令,而三子亦无可期,所以然者,夫子欲借国君之言以警戒三子也!

夫子已尽为臣之忠,无疑也!

(二十三)

子路问事君。子曰:"勿欺也,而犯之。"

【述要】

弟子子路问如何事君?

夫子道:"不以不实之言欺诳君上,敢以正直之言犯颜善谏。"

不出不实,敢陈正直,诚也。故夫子虽曰事君之义,似不与君子之义乖。而犯君以谏,欲正其不正,君之未逃于夫子之教,亦从此可知也。

(二十四)

子曰:"君子上达,小人下达。"

【述要】

夫子道:"君子循其道,所以向上而日进于天道之高明;

小人从其私，所以向下而日沉于人欲之昏昧。"

　　君子小人上下之分，直有云泥之判，君子风神云华，小人薄状曰鄙。而君子小人岂是天生，或由夫子强分定界？二者实为一人，其循道上达而为君子，其从私下达而为小人。若欲去私从道只由一念，而道也难寻，私亦难舍，故此清明一念委实难起也，非自重学固而不能。然终有学习一途可以为君子，何必自甘小人？是以夫子之分君子与小人，是劝小人不妨学而上进，亦劝君子不能坠而下沉也。

（二十五）
子曰："古之学者为己，今之学者为人。"

【注解】
古　王教流行。〇
今　王教阙如。〇

【述要】
　　夫子道："古之学者常言之谦谦，不过为己而学，实则进道成己，又能推己及人，以富成天下、教成天下呀；而今之学者言之凿凿，是为谋邦国之事，人民之福，实则为己而求干禄而已。"

　　古今虽时间界别，实王道有无之借喻。虽今之时，若有王道可运，犹可谓之古也；今之古风尚存者，亦斯之谓也。

　　古之王教流行，学者安仁好德，而仁德莫不存乎己，故为己之学，岂不自然？而今之王教阙如，学者循利求禄，而利禄莫不取诸人，故为人之学，岂无必然？

（二十六）
蘧伯玉使人于孔子。孔子与之坐而问焉，曰："夫子何

为?"对曰:"夫子欲寡其过而未能也。"使者出。子曰:"使乎!使乎!"

【注解】
蘧伯玉 卫大夫,名瑗。孔子居卫,尝主于其家。
寡 减损也。○

【述要】
　　蘧伯玉使人问候于夫子。
　　夫子与使者坐而有问:"伯玉先生近来何为?"
　　使者答:"我家主公欲寡其过而不能,时常为此检省自我,日有进益呢。"使者揖拜而出。
　　夫子诧异道:"他为使者吗?我不过随口一问,而他却以伯玉先生之修养相告,可见他深知伯玉先生之修为,也必为上进之君子,他仅为使者吗?"遂而面露喜色。
　　有君子之德者,一家之内有其德泽也!

(二十七)
子曰:"不在其位,不谋其政。"

【注解】
位 政之所以治也。○
政 位之所以列也。○

【述要】
　　夫子道:"在其位而谋其政,守礼序秩而政令畅通,终可以守正其位又得其政;不在其位而谋其政,僭礼乱序而政令乖违,求治不通,终失位而荒政了。"

（二十八）
曾子曰："君子思不出其位。"

【注解】

君子思不出其位　《易经》艮卦之象辞。

【述要】

　　曾子说："君子正思，所以君子视而有礼，听而有礼，言而有礼，动而有礼，视、听、言、动之所在，便是君子之位，依礼而不失，依礼而不出啊！"

（二十九）
子曰："君子耻其言而过其行。"

【注解】

耻　不敢尽之意。
言　有声之行也。〇
过　欲有余之辞。
行　无声之言也。〇

【述要】

　　夫子道："言者必有其信实，信者必有其行实，故言以行为实；言过其行者，其于诚实有亏，岂不为君子所耻？"

　　言行，一也，皆为人性美善之表；若言行不一，则无美善可言。

（三十）
子曰："君子道者三，我无能焉：仁者不忧，知者不惑，

勇者不惧。"子贡曰:"夫子自道也。"

【注解】
道　言也。

【述要】
　　夫子道:"君子之道有三,我于此尚未能呀。仁者无有私累,不为己忧;智者上下通达,不为事惑;勇者力能克物,不为势惧。"
　　弟子子贡感慨说:"谁能及此三者呢?夫子是在说自己啊!"
　　夫子不忧故能解弟子之忧,夫子不惑故能解弟子之惑,夫子不惧故能使弟子无惧,是知"夫子自道也"非子贡溢美之辞,乃弟子亲切之体会也!

(三十一)
子贡方人。子曰:"赐也贤乎哉?夫我则不暇。"

【注解】
方　比也,犹言批评。○
夫　发语词。○

【述要】
　　弟子子贡常为比较人物,批评高下。
　　夫子道:"子贡呀,贤者恐非如此吧?若是我,见贤思齐,见不贤而内自省尚且不及,何来工夫批评他人呢?"
　　夫子常方人,盖其道业纯良,德法高尚,尽知人之善恶短长高下,故其有方人之能而能品评人物,其方人在齐贤益教,不在逞舌攻恶;若己道未纯而无有方人之能,却自恃其贤而方人，不免是非尘起，自扰清修，自毁贤者之名也。此夫子劝子贡进修之意甚明。

（三十二）
子曰："不患人之不己知，患其不能也。"

【述要】
　　夫子道："他人不知晓我，不足为患，而我不能志仁向道，便是大患了！"
　　患其不能，是君子终生之患也！

（三十三）
子曰："不逆诈，不亿不信；抑亦先觉者，是贤乎？"

【注解】
逆　预度之。〇
诈　谓人欺己。
亿　猜度之。〇
不信　谓人疑己。

【述要】
　　夫子道："他人是否诈伪，不必预判在先，他人是否不信于己，亦不必揣测在前，或许有人能临时察觉他人之诈与不信，此人不过是有些先觉之能罢了，如何便是贤者了呢？"
　　贤者应修辞立诚，为学明理，自然可以辨别真伪，判明是非，何需逆亿？逆诈者，己亦不免逆于人，亿不信者，己亦不免亿于人；若逆诈成习，则人心险恶，世风败坏，故不逆不亿为夫子所告诫。

(三十四)
微生亩谓孔子曰:"丘何为是栖栖者与?无乃为佞乎?"孔子曰:"非敢为佞也,疾固也。"

【注解】
微生亩 微生姓,亩名也。
栖栖 忙碌不安。○
佞 不以正道专以口给取悦于人者。○
疾 难除之习。○

【述要】
　　微生亩对先生说:"你为何似这般栖栖不安,遑遑无所归处呢?若非佞者,你何至于到处碰壁呢?"语气倨傲。
　　夫子自我调侃道:"我岂敢为佞者呢?大概是乐于游说,栖栖遑遑久了吧,一时成疾而深固难除了!"
　　此不亦人不知夫子,而夫子不愠乎?其人既以夫子之游说王道为佞,是非已泯,盖难与之辩正矣。聊以自嘲,亦无害于他人,不失为权宜也。

(三十五)
子曰:"骥不称其力,称其德也。"

【注解】
骥 善马之名。
德 谓调良也。

【述要】
　　夫子道:"能称骐骥者,乃调善之马,非赖其天生之力而得称,赖其调伏而后有顺人之德,所以得称。"

人有天生之善而无后天之学,如何能称君子也?

(三十六)

或曰:"以德报怨,何如?"子曰:"何以报德?以直报怨,以德报德。"

【注解】

德　谓恩惠也。

怨　其恶为直者所恶故怨之。○

直　善人之善而恶人之恶,不以亲疏改其则。○

【述要】

有人说:"以宽容厚待之德报他人之怨,如何?"

夫子道:"若是如此,怨与德便无分界了,那用什么来报他人之德呢?于彼怨者,若能守直率常,其恶之处犹恶之,而其善之处则爱之,一在于仁而无私,久之则他人之怨或息。而以德报他人之德,则相互之德可以益厚啊!"

以直报怨,以德报德者,不亦君子乎?以怨报怨,甚或至于以怨报德者,不亦小人乎?

(三十七)

子曰:"莫我知也夫!"子贡曰:"何为其莫知子也?"子曰:"不怨天,不尤人;下学而上达;知我者其天乎!"

【注解】

下学　理路之具体而可语告者,久之终能上达。○

上达 生命之开豁唯以自悟者,渐之必由下学。○

【述要】
　　夫子感慨道:"无人知我啊!"
　　弟子子贡说:"为何无人知晓先生呢?"
　　夫子道:"我奔走诸国以弘道,遑无宁处,不得天助而不敢怨天,知天未尝负我,是我仍未达于天;不得诸国之君垂爱而不敢归咎于人,此非诸君之过,是我能力不足啊!唯有谦下而学,以求淹通人事,顺人事之理而往与天道,以求上达天命;知我如此者,其唯天吗!天必知我,我亦求上达于天命,亦必知天命而听其命啊!"
　　无怪乎人不知夫子而夫子不愠,盖自有天知夫子也!

(三十八)
公伯寮愬子路于季孙。子服景伯以告,曰:"夫子固有惑志于公伯寮,吾力犹能肆诸市朝。"子曰:"道之将行也与?命也。道之将废也与?命也。公伯寮其如命何!"

【注解】
公伯寮　鲁人。
子服景伯　子服,氏也;景,谥也;伯,字。
夫子　指季孙。
肆　陈尸也;言欲诛寮。
命　即天命也。其或天道之流行所赋予事物者,或事物之变化见乎天道者。○

【述要】
　　公伯寮向季孙谗毁子路。
　　子服景伯来告说:"季孙已受公伯寮迷惑,对先生起疑了。我尚能向季孙说明原委以诛公伯寮,将其陈尸于市。"

夫子不慌不忙道:"大道之将行,是命呀;大道之将废,也是命呀!公伯寮能将命如何呢!"

此非夫子托命以自大也。盖夫子性命达天,自然不为困厄左右,而有此自在之言也。

(三十九)
子曰:"贤者辟世,其次辟地,其次辟色,其次辟言。"

【注解】
贤者 载道之人也。○
辟 通"避"。○
色 容颜之气。○

【述要】
夫子道:"贤达之人见天下无道,便隐而避世;其次见地方不治而乱,便避地而另择;其次见交往之人礼数虽具而庄敬已失,便避而不与;其次见左右言不由道,便自避而独省。"

不避不足以全其身,不足以全其道也。

(四十)
子曰:"作者七人矣。"

【注解】
作 昌言也。○

【述要】
夫子道:"经籍所载,自古代天作言,为万世立极者,尧、舜为始,后有禹、汤、文、武、周公,止七人啊!"

先王而后又有夫子作，故作者八人矣。

（四十一）
子路宿于石门。晨门曰："奚自？"子路曰："自孔氏。"曰："是知其不可而为之者与？"

【注解】
石门 地名。
晨门 掌晨启门。
自 从也。

【述要】
子路投宿于石门。
晨间守门之人问："自哪里来？"
子路答："自孔氏门下。"
晨门说："是那位明知圣人之道不可通行于今世，却痴心作为、辛劳不已，终徒然无功的孔子吗？"

圣人者，知其不可为而为之者也。虽然，道之难行，而圣人一人之所为，即为王道流行之不止，况有圣人表率，自有后继君子之不绝。

先王之道虽未应时应运而大行天下，未必不可行也。自先王诞降，承道天命，讬命生民，早有王道之流行。既承天命，民亦欣从，岂有王道之能竭？窃命者一时之张，而王道一时之隐也，终然张者逆流而没，隐者顺势而昌也，百世之间，莫不有事实陈焉。夫子于大道既从，可为之知，可为之志，所难窥测于他人，自不以王道之时隐而有生疑情也。其欲为之，必有可为之处，不为之，但待可为之时，从容进退，优裕宽和。其列国之游，世人多谓无功而返，唯不见其教命已宣，圣泽暗流，已为后世王教大起之肇基也，此不为其申时而知所可为者乎?

（四十二）

子击磬于卫。有荷蒉而过孔氏之门者，曰："有心哉！击磬乎！"既而曰："鄙哉！硁硁乎！莫己知也，斯已而已矣。深则厉，浅则揭。"子曰："果哉！末之难矣。"

【注解】
磬　乐器。
荷　担也。
蒉　草器也。
硁硁　石声。
深则厉，浅则揭　《诗经·卫风·匏有苦叶》之辞。
末　王道之衰。〇
难　困顿。〇

【述要】
　　夫子时击石磬于卫国。
　　有担荷草筐而过夫子门前者说："此人思虑极深呀，这是在击磬吗？这岂是击磬，是在忧世啊！"
　　既而又说："此人真是鄙而不自量力啊，这击磬之声，如何听似坚石一般硁然相撞，一副必行我志、死而无悔之状呢？此人真是不能自知啊！无道之世不可改，其如此作为，也只是一己之愿罢了！《诗经》上言：'如遇深水，则需连衣厉水而渡，如遇浅水，方可以揭衣而涉。'深浅不同，险易有别，这番道理此人如何不知啊！"
　　夫子叹息道："真是这样吗？临深不涉，如何能济呢？而王道未落，以至于困顿如此，又如何能不济啊！"
　　忍辱负重，夫子一向。

(四十三)

子张曰:"书云:'高宗谅阴,三年不言。'何谓也?"子曰:"何必高宗,古之人皆然。君薨,百官总己以听于冢宰三年。"

【注解】
高宗　商王武丁也。
谅阴　天子居丧之名。
总己　谓总摄己职。
冢宰　太宰也。

【述要】
　　弟子子张问:"《书经》上言:'商王武丁居丧,三年不言。'不知何意呀?"
　　夫子道:"如何一定是高宗呢?古代有德之君皆如此呀。前王去世,百官各摄己职而听令于太宰三年,三年之间百官尽职尽忠而政治如常,因此后王能三年不言政事以尽礼尽孝啊!"
　　当时天下无道已久,诸侯僭礼而各自为政,周天子已名存实亡,若是天子居丧,如何能三年不言?

(四十四)

子曰:"上好礼,则民易使也。"

【注解】
礼　人情之通顺也。○

【述要】
　　夫子道:"在上好礼,可以职守分定,秩序政通;在上好礼，可以和敬悦人，民情欵洽；在上好礼，可以体物取宜，明时恤用。因此人民可以平易通情，愿出其力而富地方啊。"

（四十五）
子路问君子。子曰："修己以敬。"曰："如斯而已乎？"曰："修己以安人。"曰："如斯而已乎？"曰："修己以安百姓。修己以安百姓，尧舜其犹病诸！"

【注解】
修己　安人也。○
敬　警之以义。○
犹病　言不可以有加于此。

【述要】
  弟子子路问君子修养？
  夫子道："修己以敬，无事不敬；无事不敬，方可以为君子。"又问："如此而已吗？"夫子道："修己以安人。安人之法唯在修己，安人而后可以用事。"
  又问："如此而已吗？"
  夫子道："修己以安百姓；安百姓而可以成君子之志，成圣人之事功。修己以安百姓，便是尧舜在世，犹恐用力未足啊！"
  能安人乎？能安百姓乎？知其修之与否。

（四十六）
原壤夷俟。子曰："幼而不孙弟，长而无述焉，老而不死，是为贼！"以杖叩其胫。

【注解】

原壤　孔子之故人，曾母死而歌，盖自放于礼法之外者。○
夷　蹲踞也，非循礼之状。○
俟　待也。
述　犹称也。
贼　害良之名。○
胫　自膝至脚跟部。○

【述要】

　　时夫子远来，故人原壤蹲踞一侧以俟夫子。

　　夫子无可奈何苦笑道："你年幼时不知逊顺孝悌，年长时又自放礼法，至今无一可称，无一可述，如何就老而不死，真是害良之贼！"说罢以杖轻叩其胫。

　　责之深，可见交情；而原壤不教，乃自放所致，非夫子不劝也，可见夫子亦有难化之人；虽则难化，犹能与之亲近，亦可见夫子不轻弃人也。

(四十七)

阙党童子将命。或问之曰："益者与？"子曰："吾见其居于位也，见其与先生并行也。非求益者也，欲速成者也。"

【注解】

阙党　党名。
童子　未冠者之称。
将命　有所任也。○

【述要】

　　阙里有一童子将予委事任职。有人问夫子："这样子童子有益吗？"夫子道："我见此童不是偶坐，而是并居于长者之位；不是恭谦随行在后，而是与先生并行；此童尚未能合于礼呀！不先考察，不先培养便草率而任命，此非求益于童子，是欲求速成而最终贼害此童子啊。"

欲为速成，既无益于人，又不达于事，此为学者次第之不明，夫子再告诫之。

卫灵公篇

卫灵公第十五
凡四十二章

（一）
卫灵公问陈于孔子。孔子对曰："俎豆之事，则尝闻之矣；军旅之事，未之学也。"明日遂行。

【注解】
陈　谓军师行伍之列。
俎豆　礼器。

【述要】
　　卫灵公问夫子如何陈兵布战？
　　夫子道："于俎豆礼器、宗庙祭祀之事，我尚有些闻知，至于军旅兵阵之事，我未曾有学。"明日遂离卫国去往陈国了。
　　卫灵公不问礼义，不问苍生，却问夫子如何陈兵布战以拓土；君之不德，夫子厌之。

（二）
在陈绝粮，从者病，莫能兴。子路愠见曰："君子亦有穷乎？"子曰："君子固穷，小人穷斯滥矣。"

【注解】
兴　起也。
穷　困无生略。〇
滥　溢而不节也。〇

【述要】

在陈国遭困厄,一度绝粮,从随弟子多有患病,卧不能起。

弟子子路面见怒色,埋怨说:"君子也有穷困潦倒之时吗?"

夫子道:"君子固然一时有穷,尚能守中待时;而小人若遇穷困便不能节制情绪,恣其意而妄为了。"

人穷,或因命数,或由人事。命数之穷,君子知命而安然泰处,亦无所谓穷矣,而小人不知命则困然妄作;至于人事之穷,君子明德修身,远近亲服,或有一时之困,岂有终生之患!而小人欲利徇私,利尽交疏,或有一时之得,难免终生之困!故观穷,斯可以见君子,亦可见小人矣。

(三)

子曰:"赐也,女以予为多学而识之者与?"对曰:"然,非与?"曰:"非也,予一以贯之。"

【注解】

一 恒以中和之道。○

【述要】

夫子道:"子贡呀,你以为我之多学是为广博之求吗?"

子贡说:"是呀,难道不是吗?"

夫子道:"不是的。多学博见,便能知晓有一大道贯穿其中。以此一贯之道反求诸事,则无不浃然合机;以此一贯之道往求学问,则无不从容中的;以此一贯之道行诸事业,则无不往而有利啊!"

一以贯之,是夫子卓然之圣境也,而唯有中和之道可以一以贯之。若多学博识,不知其中有一,其中有道,并以此纯一之道贯穿其中，终难统摄学问，精纯道德。而中和之秉，虽有其先天成因，更赖后天博学，并深加体会而后有得。故夫子所言非也，非是全然否定子贡所言，盖多学而识之时，但有大旨需以领悟，学问需以条畅者也。

（四）
子曰："由！知德者鲜矣。"

【注解】
由 子路之名也。○
德 谓仁道之行于实，而义理之得于己者。○

【述要】
　　夫子道："仲由呀，不能体切于仁，循然于礼，不能辨正从义，应时济物，便能知德者，少见啊！"
　　如德者方能知德，知德之为美，未入德域，其何能知德？而能入德域者寡，故知德者鲜矣！

（五）
子曰："无为而治者，其舜也与？夫何为哉，恭己正南面而已矣。"

【注解】
无为而治 圣人明教化，严制度，无所不为，而后有所不为而治。○
恭己 圣人敬德之容。

【述要】
　　夫子道："能无为而治者，应是帝舜吧！那如何为之呢？

其受让于帝尧，得承帝尧善政与贤臣，又于举贤选能、宣行教化亲力有为，然后无为而端恭肃己，正南面而临天下，于是群贤施治，人民作为，而有天下之广富啊！"

有为而后无为，无为而后无不为。

（六）

子张问行。子曰："言忠信，行笃敬，虽蛮貊之邦行矣。言不忠信，行不笃敬，虽州里行乎哉？立，则见其参于前也；在舆，则见其倚于衡也；夫然后行。"子张书诸绅。

【注解】
笃　厚也。
蛮　南蛮。
貊　北狄。
州　二千五百家。
其　指忠信、笃敬而言。
衡　轭也。
书之　欲其不忘也。
绅　大带之垂者。

【述要】
弟子子张问如何是行？

夫子道："言不虚而忠信，行但实而笃敬，虽是南北蛮夷远邦，也是通行无碍呀；言不忠信，行不笃敬，虽近在州里，又如何能得通行呢？立在朝野，便见忠、信、笃、敬相参在前，言行不予造次；随途驾舆，便见忠、信、笃、敬倚衡而伴，言行慎其终始；如此而后，便可以行通造远了。"

子张三拜以受，书夫子之言于大带之上，终身以佩。

（七）

子曰："直哉史鱼！邦有道，如矢；邦无道，如矢。君子哉蘧伯玉！邦有道，则仕；邦无道，则可卷而怀之。"

【注解】
史 官名。
鱼 卫大夫，名鳛，字子鱼，也称史鱼。其生以身谏，其死以尸谏。〇
如矢 言直也。
卷 收也。
怀 藏也。

【述要】
　　夫子赞叹道："史鱼堪称正直啊！邦国有道，其言行一如箭矢疾飞，率直以就道；邦国无道，其言行一如箭矢怒出，击恶以卫道。蘧伯玉堪称君子啊！邦国有道，便仕以奉君，为国尽忠；邦国无道，则不敢食禄无功，与谋恶事，早已卷怀仁智以待时了。"
　　有道，可知君子；无道，亦可知君子。

（八）

子曰："可与言而不与之言，失人；不可与言而与之言，失言。知者不失人，亦不失言。"

【注解】
言 道之载也。〇
人 道之任也。〇
知 道之明也。〇

【述要】
　　夫子道："大道之言当言与任道之人。若可与言而不与之言，是不知其人可以任道而失其人；若不可言而与之言，是不知其人不可以任道而失言之大用。
　　唯知者知人又知言也，其人与言可否自然明明在心，故其既不失人，又不失言啊！"

（九）
子曰："志士仁人，无求生以害仁，有杀身以成仁。"

【注解】
志士　有志之士。
仁人　成德之人。

【述要】
　　夫子道："志士仁人以仁为大旨，言行体仁，以仁成为终生之志；故志士仁人，为苟且偷生而妨害于仁，则无有，为成仁而不避杀身之祸的，则有之。"
　　仁乃天赋之性，不归于仁，则不知其人所归者何也？

（十）
子贡问为仁。子曰："工欲善其事，必先利其器。居是邦也，事其大夫之贤者，友其士之仁者。"

【注解】
仁　事贤友仁也。○

【述要】
　　弟子子贡问如何为仁？

夫子道："工匠之作，欲完善其事，必先磨利其器；而仁之为功，也必有才德以用啊！你身居此邦，需奉事国中大夫之贤者，以广见闻，以益才干；需交往士中之仁者，以厚己德，以蔚仁风啊！"

事贤友仁，君子成事之利器也。

（十一）
颜渊问为邦。子曰："行夏之时，乘殷之辂，服周之冕，乐则韶舞。放郑声，远佞人。郑声淫，佞人殆。"

【注解】
辂 大车之名，以木为之，自商而有辂之名。〇
冕 周冕有五，祭服之冠也。冠上有覆，前后有旒。黄帝以来，盖已有之，而制度仪等，自周始备。然其为物小，而加于众体之上，故虽华而不为靡，虽费而不及奢。
韶 《韶》、《武》等雅乐。〇
放 谓禁绝之。
郑声 郑国之音。
佞人 卑谄辩给之人。
殆 致危也。〇

【述要】
弟子颜渊问为邦之道？

夫子道："行夏之时以正历。一年有十二辰，为子、丑、寅、卯、辰、巳、午、未、申、酉、戌、亥，而天开于子，地辟于丑，人生于寅，北斗斗柄所指在子、丑、寅三辰之月，皆可以为岁首。夏以寅为人正，因此夏以斗柄建寅之月为岁首。而定时之用以为作事，岁月自当以人为纪，因此需行夏时，以夏历为正。历正而有四时之正，富算闰余而成岁月之

正，便可以应天以顺天侯，可以率人而守节时，万物无不各司其序，天下无不顺至正之统了。

乘殷之辂以正律。古之人截竹管为律管，内填芦灰，置于幽谷地间，天地一阳来复而阳出地上，便有灰吹管响，管长之不同，音声有清浊高下，其分为黄钟、大蔟、姑洗、蕤宾、夷则、无射，称为六律，为乐器音调之基准，而相应律管之长短尺寸便为律数，是为天地之准，有律数，便有长度之定夺，便有规矩准绳、嘉量权衡之制，因此六律为万事之根本，六律定而万事之法度定。而大辂之车成于殷商，车为大器，其之所以能成车，赖有规以为圆，矩以为方，又有准绳定直，嘉量定长，而称重由权，称平以衡。可见殷商之时，顺六律之正，已有规矩准绳、嘉量权衡之定制。而乘殷之辂，便可以协正六律，协正规矩准绳、嘉量权衡，以审定物度，规范轨则，为国家制事立法了。

服周之冕以正礼。圣人仰观天象，知星辰相序而天道恒常，俯察地理，知万物相生而地道咸亨，其人既为天地所生，人道昌盛岂有不从天地之理，遂缘人情而制礼，依习性而作仪，别男女，分上下，又以仁义为根本，刑罚以辅助，于是男女循礼而族群昌，君臣循礼而邦国治。周公上承夏商，制礼而礼备，从周之礼而礼正，便可以宰制天下，驱使群力了。

乐则《韶》《武》而正乐。感物心动而有音起，单音不足，变杂五音，比五音而谐会，而后有乐成。乐感人心而生哀、乐、喜、怒、敬、爱，雅乐和人心志而世治，淫声则惑人心志而世乱；是知音声之道通乎正道，亦通乎治道。所以先王作雅乐以和民心，不使民心好恶无节，悖逆作伪，以至淫佚作乱，而使民心反于人道之正，和于安乐呀！正声雅乐同和于天地，唯天地人和方有雅乐之兴，故帝舜继尧之德，得天地和气，兴作《韶》乐，其乐尽仁德之善，尽音乐之美，以《韶》乐而和羽旄，其为文乐，为文舞，可以示文象以扬仁；而武王承三代之德，伐纣建功，兴作《武》乐，其乐尽人事之义，尽音乐之美，以《武》乐而和干戚，其为武乐，为武舞，可以示武象以训义；如此文武对举，仁民奋士，而后和正人天，万事有兴啊！

然后须禁绝郑声，举贤人而黜佞人。郑声淫逸滥情，久听溺志，使人骄烦变态，终害仁德而失和敬，不免天下趋乱；佞人好逞口给，卑颜诡媚，淆乱是非，无别黑白，亲近佞人必致耳目失聪，骨肉不亲，君臣失和，而号令不行，不免国家危殆啊！"

不有广济之志，君国之才者，夫子不作如此之答。颜子之重，可见一斑。

(十二)

子曰："人无远虑，必有近忧。"

【述要】

夫子道："王道之利广大而深远，一私之利卑小而切近；能为王道深谋远虑者，必无近利之困惑，而王道之不虑，其私利得失之患，必为近忧。"

(十三)

子曰："已矣乎！吾未见好德如好色者也。"

【述要】

夫子道："罢了呀！我未见好德如好色者。世人真的以为德行不如色相吗？盖不知德之为美啊！"

好德如好色，则免情欲之堕，而有品节之励行也。

(十四)

子曰："臧文仲其窃位者与！知柳下惠之贤，而不与立也。"

【注解】
窃位 言不称其位而有愧于心,如盗得而阴据之也。
柳下惠 鲁大夫展获,字禽,食邑柳下,谥曰惠。
与立 谓与之并立于朝。

【述要】
　　夫子道:"居官在位当有推己及人,为国知贤举贤之德。而臧文仲身为鲁国司寇,明知柳下惠之贤,却不能举贤而共与立朝,难道臧文仲是窃位而居,无德以称职吗?"
　　知贤不举,知才不任,是窃位者也。

(十五)
子曰:"躬自厚,而薄责于人,则远怨矣!"

【注解】
躬 自身也。○
厚 责以严。○
薄 待以宽。○
责 刻求。○
怨 责己不足往往生悔,责人太过往往引仇。○

【述要】
　　夫子道:"君子躬身厚责于己,所以身修德明而宽仁,其责人也薄,常常与人为善,故不自怨,亦能远他人之怨,而小人反之。"
　　引仇怨何能款洽人情?生悔咎何能端凝神气?是以君子远怨以享安泰。

（十六）

子曰："不曰'如之何如之何'者，吾末如之何也已矣！"

【注解】

如之何 "为何如之"之谓，熟思而审处之辞也。○
末如之何 末，无也；如之何，"如何之"之谓也。○

【述要】

　　夫子道："不常言'为何如此'者，往往不能探本溯源，求实取真，于如此之人，我亦无可奈何之了！"

　　学而不究，学而不问，则为学难矣。

（十七）

子曰："群居终日，言不及义，好行小慧，难矣哉！"

【注解】

小慧　私智也。
难　或困顿或患害。○

【述要】

　　夫子道："你们群聚合处，不能互相砥砺，却终日所言不及仁义；唯好施小慧，逞巧言以相投气味，却自以为欢愉；殊不知这早已为无德之行了，任由此无德之行，何能契君子之道？何能学而有成？且其行远则难，恐将来患害之难免啊！"

　　观其平素行止，盖已知其德之几何，学业若何，将来如何矣！

（十八）

子曰："君子义以为质，礼以行之，孙以出之，信以成之，君子哉！"

【注解】
义　志不改于王道，而行必期于成仁也。○
质　底色也。○

【述要】
　　夫子道："君子者莫不以义为其质干，其礼循节文但以行其义，其逊为谦言但以出其义，其信奉诚实但以成其义；如此方为君子啊！"
　　是所谓君子以义为质，终生一以贯之。

（十九）

子曰："君子病无能焉，不病人之不己知也。"

【注解】
病　忧也。○
能　达于理，果于事，而游艺之有余。○

【述要】
　　夫子道："君子但忧不仁为疾，无能为病，无须虑患他人不知于己啊！"
　　病己无能，可进修以求实；病人不知，徒邀名而务虚。

（二十）

子曰："君子疾没世而名不称焉。"

【注解】
疾　患也。○
名　一生可誉之处。○

【述要】
　　夫子道："君子所忧虑者，是一生学无可述，德无可称，行无可表，至离世之前，其君子之名不能符实，离世之后，亦不能称扬于后世啊！"
　　君子之名称，则明圣人之道亦不虚也，自有其真实以为君子之所好，以成君子之所好也。

(二十一)
子曰："君子求诸己，小人求诸人。"

【注解】
己　道器之相合一者。○

【述要】
　　夫子道："天之生人，已命人以德性，赋人以聪明，人之所以可以求学，可以问道，可以行道，可以遂志，皆在于己；而聪明之正，德性之修，亦在于己；故君子之得失无不求全于己呀。小人邪聪明，暗德性，唯势利之所在，多有小人之趋求；小人又患于得失，其得不义，或责求他人以成己之得，或求损他人之利以自得，而其有失，唯责求他人之过以塞责；故小人之得失无不求全于人啊。"
　　己乃道器相合之所，悉无不备，可求而成器，求而成道，自可求之无穷。君子明于己，故能求诸己，小人昧于己，故而求诸人。

（二十二）
子曰："君子矜而不争，群而不党。"

【注解】
矜　庄以持己。
争　谋以利己。○
群　和以处众也。
党　类以取私也。○

【述要】
　　夫子道："君子庄矜自重，不以利争，和群以道，不以党私。"
　　利在众生，此君子之志业，故君子不以利争而损众生之利；道从天下，此君子之大任，故君子不以党私而害天下之道。

（二十三）
子曰："君子不以言举人，不以人废言。"

【述要】
　　夫子道："有言无实而不诚，有言无行而不信，故君子不徒以言举人；无论其人德位有无，其人言善，我感善而顺正，其人言恶，我省恶而反正，故君子不以人废言。"

（二十四）
子贡问曰："有一言而可以终身行之者乎？"子曰："其恕乎！己所不欲，勿施于人。"

【注解】

恕 推己及物。○

【述要】

弟子子贡问:"有一言而可以终身奉行吗?"

夫子道:"那是恕吧!责全于己而宽恕于人,是所谓'己所不欲,不施于人'。然唯仁人君子可以明诚于心,责全于己,省内而审知何为其所不欲?唯能审知其所不欲,而终不施于他人啊!"

为恕者,可以有人我之两安、主客之互益,施施然可以为终生之利也。

(二十五)

子曰:"吾之于人也,谁毁谁誉?如有所誉者,其有所试矣。斯民也,三代之所以直道而行也。"

【注解】

毁 称人之恶而损其真。
誉 扬人之善而称其实。○
试 验之于史也。○
斯民 民,人也。此谓夫子所誉者。○
三代 夏、商、周也。
直道 直由道心,无从私曲也。○

【述要】

夫子道:"我于人呀,有毁损过谁?赞誉过谁吗?如有所赞誉,必有一番对历史事实之考校与审虑,不敢过誉而失实啊!我所赞誉者,尧、舜、禹、汤、文、武、周公等诸君,伊尹、子产、晏子、管仲、蘧伯玉、柳下惠等诸臣,泰伯、仲雍、伯夷、叔齐等诸士，三代之所以能直道而行，是得益于上述先代之贤圣遵章不曲、行道不回啊！是得益于贤圣之昌言昌行啊！这些是历史事实吧。"

夫子毁誉已成春秋之义，经纬人事而见其大用于后世也。

（二十六）
子曰："吾犹及史之阙文也，有马者借人乘之。今亡矣夫！"

【注解】
乘　以训之。○

【述要】
　　夫子道："我曾见史书中有缺文，那是古代良史遇有疑问不能自断，空而缺文，虚心以待后来学者；我也曾遇见有马不能自训，虚心以告，需借他人骑乘以训服；这般直道而不掩其所不能之人，如今已不能再见了！"
　　史之阙文，有诚信可述，借人乘之，有朴直可陈，二者于学者皆无可缺也。

（二十七）
子曰："巧言乱德；小不忍，则乱大谋。"

【注解】
小　私便之属。○
大　德性之谓。○

【述要】
　　夫子道："德性光明，不容邪慝；而巧言故为巧便，其变乱是非，能害言而乱德。巧言虽巧，不过求私之便，实为卑小，而德性可谋于为政，可谓大矣！故巧言小利不予忍断，则乱德性之大谋。"

小大之辨，在德之有无。

（二十八）
子曰："**众恶之，必察焉；众好之，必察焉。**"

【注解】
察　仁义之审也。○

【述要】
　　夫子道："人事善恶之断，只在仁义与否，不在言人之多寡。因而众人皆以为善，或众人皆以为恶，皆不碍于我，我必察之以仁义而后知。"
　　察其好恶，亦知其仁义之有无。

（二十九）
子曰："**人能弘道，非道弘人。**"

【注解】
人　载道行道者。○
弘道　用志以显仁义，兴教化。弘，廓而大之也。道，仁义显用之法也。○

【述要】
　　夫子道："天地生人，以人为其代言，故天地之道，非以自存，唯人以载之，唯人以弘之也；道之既非自存，故未闻其能自弘而弘人也；道之行健，唯人自强以弘之不息也。"

人无用志以弘道，则道不显，而仁义不彰也。故圣人终生亹亹而勤，用志不倦也。

（三十）
子曰："过而不改，是谓过矣。"

【注解】
过　忍心干犯逆仁义。○
改　去其忍心。○

【述要】
　　夫子道："悖义有过而不能自省改正，那一时之过便成终身之过了；有过及时能改，便无过了。"
　　故君子不患有过，患不能知过而改。

（三十一）
子曰："吾尝终日不食，终夜不寝，以思，无益，不如学也。"

【注解】
思　析分事态情状，以求理则之明也。○
学　籍贤者之思以明理。○

【述要】
　　夫子道："我曾终日不食，终夜不寝以独思；然疑惑之处，虽多思而无益，不如暂为黜思而向学于古人，启发于先贤，问难于同道，然后再思便有得了！"
　　盖夫道其一统，理有万殊。一统者，统万物之理也，万殊者，万物之理殊异也。学之要，明乎众理而上达乎道也。

须穷万殊之理方可言道乎？非也。万殊之理，一生未可穷尽，而理之积，随时可以开豁性命，通流道体，渐乎觉悟于德性之明与道法之真也，复以此明真观照于物，解会于理也。而虽有明真之用，于理之解会犹未足也，盖有事态情状之须知。而理之为运，有诸般事态情状之错综，所谓一事一理，一理一事，万事之多，事情何其变化繁富，岂能独思而尽该，故学而借由贤者之思以析分，不为有益乎？此亦夫子劝学之义也。故亦知夫子一时思而有滞，是事情之未详也，非德性之不明，而道法之不真也。

（三十二）

子曰："君子谋道不谋食。耕也，馁在其中矣；学也，禄在其中矣。君子忧道不忧贫。"

【注解】

禄　福也；犹言天人合德也。○

【述要】

　　夫子道："君子何以为成仁而谋道，不为果腹而谋食呢？为果腹而耕作，犹有欠收之患，饥馁之忧；而为学向道，却有天人合德之福，成道成仁之禄；当然，若学优而仕，为民尽忠，亦未尝缺俸禄之养。因而君子所忧是向道之心不坚，而非一时之贫啊！"

（三十三）

子曰："知及之，仁不能守之；虽得之，必失之。知及之，仁能守之，不庄以涖之，则民不敬。知及之，仁能守之，庄以涖之，动之不以礼，未善也。"

【注解】

涖 临也，谓临民也。

动之 动民也，犹曰鼓舞而作兴之云尔。

礼 谓人情之规范，义理之节文。○

善 行道之著也。○

【述要】

夫子道："其人智聪，足以知先王之道，而其私或时有，其仁或未真，便不能守先王之道，虽一时有得，后必失之；其人智而能知，仁而能守，然于先王之道不能庄重以对，则不能为人所敬；其人于先王之道，智而能知，仁而能守，不失庄重之意，却行止不能以礼，仍未能有成于先王之道啊！"

王道之知在智，王道之守在仁，王道之施在诚，王道之善在礼。

（三十四）

子曰："君子不可小知，而可大受也。小人不可大受，而可小知也。"

【注解】

小知 事之小节之考。○

大受 事之大体之任。○

【述要】

夫子道："君子气量宽雅，才具瞻博，不可考之以小节，但可任之以大事。而小人气量窄陋，才具见促，不可以受大任，也仅能从小处看看有无可用之处了。"

君子或失小节，终有大体之顾；小人或顾小节，终无大体之全。

(三十五)
子曰:"民之于仁也,甚于水火。水火,吾见蹈而死者矣,未见蹈仁而死者也。"

【述要】
　　夫子道:"人而无仁,不可以为人,人于仁之依求,甚于水火之依求。为取水火,我见有人奔赴取之而死者,从未见有人奔赴取仁而死者。"
　　水火者,人之必需也,仁者,亦人之必需也;既可以蹈水火而死,亦当可以蹈仁而死也!

(三十六)
子曰:"当仁不让于师。"

【注解】
当仁　以仁为己任也。
师　众也;或传道者之谓也。○

【述要】
　　夫子道:"人有尊卑多寡,而仁无上下大小;当仁须任之时,不必因师长有怯,亦不必因人众而惧;当仁而让,难免失仁而害仁了。"
　　当仁而让,亦不复有合道之友,问道之师也。

(三十七)
子曰:"君子贞而不谅。"

【注解】

贞 正而固也。

谅 不分本末而必于信。○

【述要】

　　夫子道："君子当守正固本，而不希求小谅；希求小谅，必致迁就而失贞。"

　　为求信他人以谅己，竟至本末不分而失贞；如此谅而不贞者，其为小人欤？

(三十八)
子曰："事君，敬其事而后其食。"

【注解】

君 心怀天下者。○

后 与后获之后同。

食 禄也；取诸民而分诸人也。○

【述要】

　　夫子道："非以求禄之心以事君，但须忠敬之心而为国，而后方可言禄食。"

　　事君即事国，事国即事天下，不敬其事而无益于天下众生，何敢取食于天下？盖禄食者，虽君所予，实众生之所奉。

(三十九)
子曰："有教无类。"

【述要】

　　夫子道："天地生人，自有天地之德性以赋人；而人之后天习气多染，遂有群类之分。圣人学达性天，一秉天地之德性，纳众生于教化之中，视群类不同而分科施教，务求隐恶扬善，弃暗求明，导引众生复归于天地之德性。"

（四十）
子曰："道不同，不相为谋。"

【注解】
道　人之所行。〇
谋　事难有所咨也。〇

【述要】
　　夫子道："善恶、邪正，道自不同，无有相互之赞成，但多彼此排斥，相谋则危乱，故无需相与谋虑。"
　　正道之外无道，故君子自不与道外之徒相与为谋，谋则败亡；而其所谋者，同道也，多有兴隆之兆。

（四十一）
子曰："辞达而已矣。"

【注解】
辞　所以明理遂事也。〇
达　通事理也。〇

【述要】
　　夫子道："若说用辞最为切要之处，便是晓畅而通达于事理吧。"
　　辞不达，则不唯害辞害理，终害人害事也。

（四十二）

师冕见。及阶，子曰："阶也。"及席，子曰："席也。"皆坐，子告之曰："某在斯，某在斯。"师冕出。子张问曰："与师言之道与？"子曰："然。固相师之道也。"

【注解】
师　乐师，瞽者。○
冕　名。○
道　礼之所以然。○
相　助也。

【述要】
　　乐师冕来见夫子，因其目瞽而不能视，及近台阶，夫子提醒道："这是台阶了。"及近坐席，夫子提醒道："这是席位了。"待众人皆坐，夫子便向师冕介绍在坐诸位道："某某在此，某某在此。"待师冕出，弟子子张便问："先生与师冕所言，也是道吗？"夫子肯定道："是啊，这是应有之相师之道啊！"
　　人之所在，即有礼之所在；礼之所在，即为道之所在。

季氏篇

季氏第十六

凡十四章

（一）

季氏将伐颛臾。

冉有、季路见于孔子曰："季氏将有事于颛臾。"

孔子曰："求！无乃尔是过与？夫颛臾，昔者先王以为东蒙主，且在邦域之中矣，是社稷之臣也。何以伐为？"

冉有曰："夫子欲之，吾二臣者，皆不欲也。"

孔子曰："求！周任有言曰：'陈力就列，不能者止。'危而不持，颠而不扶，则将焉用彼相矣？且尔言过矣！虎兕出于柙，龟玉毁于椟中，是谁之过与？"

冉有曰："今夫颛臾，固而近于费；今不取，后世必为子孙忧。"

孔子曰："求，君子疾夫舍曰欲之，而必为之辞。"丘也闻，有国有家者，不患寡而患不均，不患贫而患不安。盖均无贫，和无寡，安无倾。夫如是，故远人不服，则修文德以来之。既来之，则安之。今由与求也，相夫子，远人不服而不能来也；邦分崩离析，而不能守也；而谋动干戈于邦内。吾恐季孙之忧，不在颛臾，而在萧墙之内也！"

【注解】

颛臾　颛，音专；臾，音俞；颛臾，国名，鲁附庸也。

东蒙　山名。

夫子　指季孙。

周任　古之良史。

陈	布也。
列	位也。
相	瞽者之相也。
兕	野牛也。
柙	槛也。
椟	匮也。
固	谓城郭完固。
费	季氏之私邑。
寡	谓民少。
贫	谓财乏。
均	谓各得其分。
安	谓上下相安。
文德	谓礼乐教化。〇
干	楯也。
戈	戟也。
萧墙	萧之言肃也，墙谓屏也；君臣相见之礼，至屏而更加肃敬焉，是以谓之萧墙。〇

【述要】

季氏将攻伐颛臾，欲据为己有。时弟子冉有、子路为季氏家臣，来夫子处禀告："季氏将用兵于颛臾。"

夫子道："冉求，是你之过失吧！这颛臾之国，昔日先王将其分封在东蒙山下，为专门掌管东蒙山祭祀之主祭，且在鲁国邦域之中，虽其为附庸之国，却也分管祭祀，担负国家大任，乃社稷之臣呀！何以欲为攻伐呢？"

冉有慌忙以答："是季氏欲为，我与子路皆不愿如此。"

夫子不悦道："冉求，良史周任有言说：'按照自身之官职位列而尽陈己力以劝谏，若不能劝谏，便止而离去。'眼见如此颠危之状而不相扶，那何必用你等为辅佐呢？且你之所说有失啊！有人野心如虎兕之兽，你等不能关禁在槛而使其奔出伤人，而社稷之臣如龟玉之宝，却使其毁于椟匣之中，这是谁之过错呢？"

冉有强辩说："如今之颛臾，城池坚固而近及费邑，现在不取，将来必为季氏子孙所忧。"

夫子严辞道："冉求，欲之不言于口而其实欲之，却强辞以掩饰者，君子最为痛恨。我闻前贤有言：'有国有家之人，不患财货分配寡少，而患不能人均有得，得其所宜；不患贫困，而患不能各得其所，上下相安。因此人均有得，国中便无贫困；彼此和睦，便无寡少之嫌；上下相安，国家便无倾覆之危。有如此之治，国家得以有德治之声，一旦遇有远方之人不能诚服，不是勤兵远讨，而是内修文德以感招，招其远来；远方之人既来，则恭敬循礼以安抚。'今子路与你相佐季氏，远方之人却不能诚服而来；鲁邦已为三家所乱而分崩离析，你等却不能尽守卫之职，仍欲于鲁邦之内谋动干戈，讨伐无辜。我恐季孙之忧，不在颛臾之威胁，而在其自划阴谋于萧墙之内；其全然不顾母邦之安危，只图一家之利，最终不免自损声名，自取灾祸啊！"

文中列乎夫子有关为臣、事君、谋政、为邦之大略也。

邻国之远来，非以武力之威，是以文德之自修也。于邻国之交，无论大小，但有礼敬之诚，若非无义，何以伐为？伐之者岂为有道之君？而若顾寡均，怜贫安弱，礼乐倡行，君臣共义，则邦国自固也，又何必伐邻以为之固也？

至于事君之道，必举义而迁善，犯颜而攻恶也；若助君为恶，何以为臣？而再三陈力以谏，不能则去，又何必有迟疑也？

（二）

孔子曰："天下有道，则礼乐征伐自天子出；天下无道，则礼乐征伐自诸侯出。自诸侯出，盖十世希不失矣；自

大夫出，五世希不失矣；陪臣执国命，三世希不失矣。天下有道，则政不在大夫。天下有道，则庶人不议。"

【注解】
陪臣 家臣也。

【述要】
　　夫子道："天下遵先王之制便是有道，礼乐由天子而制作，而征伐之令亦自天子出；若天下弃先王之制便是无道了，天下无道，诸侯则弃天子而不顾，礼乐之制、征伐之令便由诸侯专断而自出了。礼乐征伐自诸侯而出者，诸侯自以为得势而可以延福子孙，大概不过十世之延续，很少有不失去的；若是礼乐征伐自大夫出，亦不过五世之延续，很少有不失去的；至于家臣弃主不顾，妄自执掌国命，最多三世便要失去了。若天下有道，国政如何会落于大夫之手呢？若天下有道，天下之百姓也不会非议国政啊！"

　　夫子以往，桓公匡合诸侯，所历不过十世而失势；晋自文公始霸，所历不过十世而失族；鲁自隐公僭礼，至昭公出奔，所历亦不过十世；至于有五世、三世而失者，皆有所验。而试观夫子以下二千余年，历经东周、战国、秦、西汉、东汉、三国、魏晋南北朝、隋、唐、五代、北宋、南宋、元、明、清诸朝代，其危亡之兆，无一不是礼乐征伐之柄异位，始乱于诸侯，后乱于大夫陪臣，终于亡国灭家者，朝代所历不过十世，短有至于一、二世者。此可以言夫子有预测之能、先见之明乎？不必如此而言，此乃夫子天生纯德，仁孝具备，好道乐学，早已顺明天道，贯通人事，至于历史，不过是人道之运而已，未尝出夫子范围也！夫子之言已尽《春秋》之教也矣！

（三）

孔子曰："禄之去公室，五世矣。政逮于大夫，四世矣。故夫三桓之子孙，微矣。"

【注解】

逮 及也。

三桓之子孙 三桓谓仲孙、叔孙、季孙，皆出于桓公。后仲孙氏改为孟氏。○

【述要】

　　夫子道："诸侯之家被迫失去爵禄赏罚之权，从鲁宣公始，经由成公、襄公、昭公，而至定公也不过五世呀；邦国政事落入大夫之手，从季孙氏文子始，经由武子、平子，而至桓子，亦不过四世啊。诸侯僭礼擅权，而大夫效之，后必又有效之而再乱及己者，因此僭礼者终将自取祸害。如今三桓子孙已为家臣所乱，他们之衰微是必然之事啊！"

　　废君臣之义，必遗子孙之祸，此亦夫子《春秋》之教也。

（四）

孔子曰："益者三友，损者三友：友直，友谅，友多闻，益矣；友便辟，友善柔，友便佞，损矣。"

【注解】

友直 则闻其过。

友谅 则进于诚。谅者，不求全于人也。○

友多闻 则进于明。

便 习熟也。

便辟 谓习于威仪而不直。

善柔 谓工于媚悦而不谅。
便佞 谓习于口语，而无闻见之实。

【述要】
　　夫子劝诫道："有益之友有三类，而交往有损己德之人也有三类。朋友直道直言，我得闻过；朋友宽信谅解，我蒙鼓励；朋友多闻见博，我可广智；如此之友便为有益了。而交往之人便巧偏僻，我终失于情实而损信；交往之人工媚善柔，我终溺于令色而损仁；交往之人巧言利口，我终惑于是非而损智。这便是交往有损了。"
　　益友之交，则终生受益；损友之交，则诸事遭损。

（五）

孔子曰："益者三乐，损者三乐：乐节礼乐，乐道人之善，乐多贤友，益矣；乐骄乐，乐佚游，乐宴乐，损矣。"

【注解】
节　制度以约，声容有正。○
骄乐　侈肆而不知节。
佚游　惰慢而恶闻善。
宴乐　淫溺而狎小人。

【述要】
　　夫子劝诫道："有益之乐有三类，而有损之乐亦有三类。节身以礼，和动于群伦，升歌正乐，和悦于心志，如何不乐！愿道人之善者，亦能感发自我之善心，如何不乐！交多贤友，亦能劝善进学，如何不乐！此三乐皆为有益之乐啊！而骄恣纵乐而逸志，却自以为乐；佚游散漫而惰志，却自以为乐；

晏安沉溺而荒志,却自以为乐;如此之乐实则为有损之乐啊!"

益者之乐,助君子以上达;损者之乐,推小人以下达也。

(六)

孔子曰:"侍于君子有三愆:言未及之而言,谓之躁;言及之而不言,谓之隐;未见颜色而言,谓之瞽。"

【注解】
君子 有德位之通称。
愆 过也。
瞽 无目,不能察言观色。

【述要】
　　夫子劝诫道:"陪从于有德君子之侧,易有三失。一是未及其言却随意而言,这是轻躁而乱君子之意,于己礼敬有亏;二是及其言时却默然不言,这是有意隐匿而蔽君子之听,于己诚实有亏;三是不能察君子之颜色而后言,其人真可谓目盲而昧于君子之性情,于己仁智有亏了。"
　　君子者,人伦之师也;不能周旋于君子者,则其教有亏也。

(七)

孔子曰:"君子有三戒:少之时,血气未定,戒之在色;及其壮也,血气方刚,戒之在斗;及其老也,血气既衰,戒之在得。"

【注解】
血气 形之所待以生者,血阴而气阳也。

得 贪得也。

【述要】

夫子训戒道:"君子有成仁成德之求,有行道之重任,须从三戒以保任身心。年少之时,血气未定,须戒色欲以保身;及壮年时,血气方刚,须戒好勇斗狠以全身;迨及年老,血气既衰,须戒贪得以全德了。"

以戒为师,身心俱益。

(八)

孔子曰:"君子有三畏:畏天命,畏大人,畏圣人之言。小人不知天命而不畏也,狎大人,侮圣人之言。"

【注解】

畏者 严惮之意也。
天命 上天之命使。○
侮 戏玩也。

【述要】

夫子道:"君子心存敬畏者有三:一是敬畏天命。天道所行,命之所在,其为君子使命所系,不敢不畏。二是敬畏大人。大人奉命掌职,掌一国施政之职,其为天下兴亡所系,不敢不畏。三是圣人之言。圣人受命作言,作天道伦常之法言,其为风俗教化所系,不敢不畏。小人却不知天命有使而不加敬畏;其更无天下情怀,徒知徇私而亲狎大人,内心无敬;至于圣人之言,小人以为仁足以害私,义足以害利,但侮之而后快。"

夫畏生乎敬,敬生乎诚,诚生乎忠信,忠信生乎仁者也。

(九)

孔子曰:"生而知之者,上也;学而知之者,次也;困而学之,又其次也。困而不学,民斯为下矣。"

【注解】
困　谓有所不通。

【述要】
　　夫子道:"其人天生便能感通先王之道而知其美善,于是一心向学,此于为学之道是为最好;向贤思齐,学然后知学之可贵者,则次之;困惑不明,方欲学以解惑者,此亦值得肯定之;至于困惑昏昧,虽有贤者在侧,亦毫无向学之心,如此之人,便谈不上为学了。"
　　君子之成在学,王道之行亦在推学,故学者虽有一时之等差,惟向学则好。

(十)

孔子曰:"君子有九思:视思明,听思聪,色思温,貌思恭,言思忠,事思敬,疑思问,忿思难,见得思义。"

【注解】
思　心之正运。○
色　见于面者。
貌　举身而言。
思问　则疑不蓄。
思难　则忿必惩。
思义　则得不苟。

【述要】
　　夫子道："君子有九思：一思眼之所视，明无所蔽；二思耳之所听，聪无所塞；三思面容之色，温而和悦；四思举身之貌，恭而安人；五思所陈之言，忠而尽恕；六思所行之事，敬而敏勉；七思滞而有疑，问以解释；八思一朝之忿，不戒则祸；九思见有可得，不苟而义。"
　　盖九思所得，皆为正德。而视听色貌，陈言行事，疑情忿状，得失之权，是为人人之所具备，亦为人人身心之全体。小人君子之界，在此身心全体之端正与否？身心之正，主要在心，而心之端正，在此九思而已。君子有此九思，以使身心全体归之于正，终能得君子之名，终能称君子之德也！

（十一）

孔子曰："'见善如不及，见不善如探汤。'吾见其人矣！吾闻其语矣！'隐居以求其志，行义以达其道。'吾闻其语矣，未见其人也。"

【注解】
语　盖古语也。

【述要】
　　夫子道："'人之见善，虽尽力以求善，似乃有所不及；而见不善，如手探沸水，能及时而避。'我见有如此而为之人，也听闻如此之言。至于'隐深不仕，甘居平淡以求真，行此节义而不曲，因此而终达其道者。'我曾听闻如此之言，未曾见有如此之人啊！"
　　前者谓好善，后者谓好学，好善者本先天之性善则可，而好学者不唯本先天之性善，犹须去后天之习恶，成君子之志业，故好善者易寻，而好学者难觅也！

（十二）

齐景公有马千驷，死之日，民无德而称焉。伯夷、叔齐饿于首阳之下，民到于今称之。其斯之谓与？

【注解】
驷　四马也。
首阳　山名。
斯　上述事实。○

【述要】
　　齐景公生前有良马千驷，他死之日，却无有德行值得人民称道。而伯夷、叔齐饿居于首阳山下，人民至今仍在称叹他们。事实是如此称述的吗？当然如此了。故生无德行，死无德名，乃君子所疾啊！

（十三）

陈亢问于伯鱼曰："子亦有异闻乎？"对曰："未也。尝独立，鲤趋而过庭。曰：'学《诗》乎？'对曰：'未也。''不学《诗》，无以言！'鲤退而学《诗》。他日，又独立，鲤趋而过庭。曰：'学《礼》乎？'对曰：'未也。''不学《礼》，无以立！'鲤退而学《礼》。闻斯二者。"陈亢退而喜曰："问一得三，闻《诗》，闻《礼》，又闻君子之远其子也。"

【注解】
远　不以亲而有私。○

【述要】

陈亢问伯鱼说:"先生是你父亲,你所听闻之教,有不同于其他弟子吗?"

伯鱼回答说:"没有啊。先生曾独立在堂,我趋疾而过庭。先生问:'学《诗》了吗?'我说'没有'。先生道:'周室初兴,文明显胜,于是有诗兴。《诗》三百,文象繁荣,名物丰富,富有日月星辰、山川草木、风雨雷电、虫鱼鸟兽,兼备天子诸候、王公贵族、士吏虞农、旅人愁妇,至于宫室制度、宗庙祭祀、巡狩羽猎、金戈武艺无所不施,而君臣宴乐、乡党集合、公事边戍、桑农稼穑无所不具,学然后知王道离离,教化殷殷,可正情正性而意趣万端。且《诗》言约而情温,辞简而理壮,可以赋而铺陈,可以比而借喻,可以兴而蔚象,就一事而能通全体,仅一理而能贯终始。因此,学《诗》可以富言,可以中情,可以顺理,可以达事,不学《诗》,便无有可言啊!'听闻教诲,我便揖退而学《诗》。他日先生又独立在堂,我趋疾而过庭。先生问:'学《礼》了吗?'我回答说'没有'。先生道:'人而为人,无礼难言孝悌,难言孝悌,则不能顺全人伦,不能成室家之好;无礼难言忠信,难言忠信,则不能顺秩君臣,不能谋社稷之福;无礼难言恭肃,难言恭肃,则不能顺通神明,不能达天地之美。为人若不学礼,须史无以立身成事啊!'听闻教诲,我便揖退而学《礼》。我如有私下所闻,便是这二者了。"

陈亢揖退而喜,说:"问一而得三。闻《诗》,闻《礼》,又闻君子不以其子为近而视同于门弟子啊!"

夫子之道承先王而光大,富为天下之显学,厚为世间之公器,非私授以为专擅,赖共学而后显扬。若夫子因其子之亲而私授,则夫子之道有不轻以示人之处;有不轻以示人之处,则夫子之道何称光大?何以显扬于天下?显扬于后世?无称光大,无能显扬于天下、显扬于后世,则何以称夫子之道也?

(十四)

邦君之妻，君称之曰"夫人"，夫人自称曰"小童"；邦人称之曰"君夫人"，称诸异邦曰"寡小君"。异邦人称之，亦曰"君夫人"。

【注解】
寡　寡德，谦辞。

【述要】
　　邦君之妻，君称其为"夫人"，夫人自称为"小童"；邦国之人称其为"君夫人"，而向他邦之人便要称其为"寡小君"；至于他邦之人则称邦君之妻为"君夫人"。
　　因此而知，称名之礼可以别夫妇，尊上下，分同异，又可以助成邦交；若言称名之礼为小，则何可以言大？

阳货篇

阳货第十七

凡二十六章

(一)

阳货欲见孔子,孔子不见,归孔子豚。孔子时其亡也,而往拜之,遇诸涂。谓孔子曰:"来,予与尔言。曰:'怀其宝而迷其邦,可谓仁乎?'曰:'不可。''好从事而亟失时,可谓知乎?'曰:'不可。'日月逝矣,岁不我与!"孔子曰:"诺。吾将仕矣。"

【注解】
阳货　季氏家臣,名虎;尝囚季桓子而专国政。
时　伺也。○
涂　途也。○
亟　数也。
失时　谓不及事几之会。

【述要】
　　时季氏家臣阳货越权季氏而专鲁国国政,其欲见夫子,夫子避而不见,于是趁夫子未在家时,以大夫赐士之礼,馈赠夫子一豚,以期夫子回礼而往拜其门;夫子亦欲趁阳货不在家时而往拜,不料途中遇见阳货。
　　阳货便对夫子说:"来来来,我有话与你。如我说:'如有人身怀治国之道,而其母邦却混乱不堪,如此之人可称仁吗?'你肯定说不可。如我说:'如有人好从政事国,却屡次失去机会,如此之人可称智吗?'你肯定也说不可。既然不可,则应及时而为,以成全其仁、成全其智;日去月往,流逝而不止,时不我待啊!上之所说不知夫子以为如何？"

夫子道："好吧，我愿出仕奉国。"

夫子不以其人而废其言，况鲁国仍为鲁国，不为阳货之国，鲁国之所以为阳货所专，是道之不行也。一旦夫子出仕而行先王之道，必益鲁国者多而益阳货者少，而道之盛行，又岂是阳货之徒所能左右之？

（二）

子曰："性相近也，习相远也。"

【注解】

性 先天之道德从属，善法所以立焉。○
习 后天之气度格局，为学所以劝焉。○

【述要】

夫子道："人之生也，其率性天真，皆具恻隐、羞恶、恭敬、是非之心，故其禀性相近；而人之后天熏习各有不同，又有所习之深浅差异，于是性格殊途而各呈姿态，这便与他人远而不同了。"

性相近也，人之所以相信，善法每每立焉；习相远也，人之所以相猜，恶意往往生焉。故君子抑习反性，以为大学之道也。

又性相近也，所以有王道之能施；习相远也，所以须为学之相劝。相劝以学，由习反性也，能施王道，顺性以成天下之善也。

（三）

子曰："唯上知与下愚不移。"

【述要】

夫子道:"上智者知天道恒常,王道可为,虽贫富穷通不能移其志;下愚者惑仁昧义,绝善弃智,虽圣人在侧,不能移其心。"

有上知不移,故于行道方可;而有下愚不移,故于劝学亦难。

(四)

子之武城,闻弦歌之声。夫子莞尔而笑曰:"割鸡焉用牛刀?"子游对曰:"昔者偃也闻诸夫子曰:'君子学道则爱人,小人学道则易使也。'"子曰:"二三子!偃之言是也。前言戏之耳!"

【注解】

弦 琴瑟也。

莞尔 小笑貌,盖喜之也。

【述要】

夫子去了弟子子游治下之武城,闻有弦歌雅乐之声。

夫子莞尔而笑道:"割鸡何用牛刀?武城小邑竟以礼乐为教,要求是否过高了?"

弟子子游回答说:"过去我曾听闻先生教诲道:'君子学道便能爱人,小人学道便易从政教之令而听使了。'那武城礼乐之教如何便过分了呢?"

夫子道:"诸位!子游所言是啊!方才我之所言只是戏言嘛。"

夫子反议以试子游道行之深浅,知夫子诲人之无方也!而子游当仁不让,亦不离夫子之教。

（五）

公山弗扰以费畔，召，子欲往。子路不说，曰："末之也已，何必公山氏之之也？"子曰："夫召我者，而岂徒哉？如有用我者，吾其为东周乎！"

【注解】

弗扰 季氏宰，与阳货共执桓子，据邑以叛。
末 王道之衰也。〇
东 鲁国也，以其方位言。〇
周 言周道之兴也。〇

【述要】

公山弗扰据费邑以叛季氏，来召夫子以相助，夫子欲应召而往。

弟子子路不悦，便说："大夫季孙叛鲁国，家臣公山弗扰又叛季氏，世道末落已至于此，岂有挽回之余地？又何必去往公山氏之处呢？"

夫子道："既然召我，岂能徒然无用呢？如有用我，我当有所做为而重兴周道于鲁国啊！若周道能兴，你又何必以公山氏为虑呢？"

大道虽直，往往曲而后成之，故夫子虽以直道示人，而曲全之义，盖亦存乎夫子。

（六）

子张问仁于孔子。孔子曰："能行五者于天下，为仁矣。"请问之。曰："恭、宽、信、敏、惠。恭则不侮，宽则得众，信则人任焉，敏则有功，惠则足以使人。"

【注解】

仁 行仁道也。○

恭宽信敏惠 仁道之具体。○

任 倚仗也。

【述要】

弟子子张问如何是仁道？

夫子道："能行五事于天下，便是推行仁道了。"

子张拜请！

夫子道："此五事为恭、宽、信、敏、惠。恭而礼，便不侮人也能自安；宽有容，便不失人而能得众；信且实，便能听人以任重；敏于事，便能顺势而有功；惠多利，便足以使人听从于政令了。"

仁道不知，无以成智，仁道不行，无以成仁。

（七）

佛肸召，子欲往。子路曰："昔者由也闻诸夫子曰：'亲于其身为不善者，君子不入也。'佛肸以中牟畔，子之往也如之何？"子曰："然。有是言也。不曰坚乎？磨而不磷。不曰白乎？涅而不缁。吾岂匏瓜也哉？焉能系而不食！"

【注解】

佛肸 晋大夫赵氏之中牟宰也。

亲 犹自也。

不入 不入其党也。

磷 薄也。

涅 染皂物。

匏 瓠也。

【述要】

佛肸召夫子，夫子欲应召而往。

弟子子路疑惑说："我曾听闻先生教诲道：'那些亲为不善者，君子是不会随往而附益的。'今佛肸据中牟以叛赵简子，而先生却愿意前往，这如何说呢？"

夫子道："是啊，我尝言此。而你为何不言？君子之志最坚，磨砺而不薄，君子之志最纯，涅染而不黑。君子持身有道，何处不可入啊！又如何会为不善呢？我岂能如匏瓜，徒然空悬而不可食用？"

君子修身，不善不入，而君子举事，但以赞化为功，岂有不善不入之理。

（八）

子曰："由也，女闻六言六蔽矣乎？"对曰："未也。""居！吾语女：好仁不好学，其蔽也愚；好知不好学，其蔽也荡；好信不好学，其蔽也贼；好直不好学，其蔽也绞；好勇不好学，其蔽也乱；好刚不好学，其蔽也狂。"

【注解】

蔽　遮掩也。
仁　有恕之谓。○
愚　昧其恕则远仁。○
知　探本之谓。○
荡　动其本则弃知。○
信　崇实之谓。○
贼　轻其实则毁信。○
直　守正之谓。○
绞　曲其正则无直。○

勇 好义之谓。○
乱 害其义则失勇。○
刚 笃志之谓。○
狂 放其志则不刚。○

【述要】

夫子道:"子路呀!你曾听闻有关六蔽之六言吗?"

子路回答说:"没有。"

夫子道:"来,坐,我言之于你。其一,若自以为好仁而不必学,不学何以明恕道?其终自愚不及仁而深蔽难除;其二,若自以为好智而不必学,不学何以体物则?其终自荒荡其知而深蔽难除;其三,若自以为好信而不必学,不学何以论事实?其终自贼害其信而深蔽难除;其四,若自以为好直而不必学,不学何以辨邪正?其终自绞曲不直而深蔽难除;其五,若自以为好勇而不必学,不学何以深大义?其终自乱义无勇而深蔽难除;其六,若自以为好刚而不必学,不学何以笃志气?其终自轻狂自放而失刚,且此深蔽亦难除了。"

好学可以成仁智,助直信,培刚勇,其用大矣!

(九)

子曰:"小子!何莫学夫《诗》?《诗》,可以兴,可以观,可以群,可以怨;迩之事父,远之事君;多识于鸟、兽、草、木之名。"

【注解】

小子 弟子也。
学 熟习以效行。○
兴 仁情缘人事、物象、事理而俊发于外。○
观 智识囊人事、物象、事理而谛视于内。○

群 情投志和而友聚。○
怨 情违志乖而心哀。○

【述要】

夫子道:"你等何不学《诗》?

天地皆备于我,寄之怀之而有诗,总有无限生意;故学《诗》可以感物兴怀,勃发意趣,游情六合而无遗,放志四海而有章。

一地之诗有其民情,一国之诗有其民风,更且诗中风色万种,理境千重,其有性命之精纯与天道之昭熙。故学《诗》可以观于风气,会于民情,考见政教得失;又可观于人事物态之变化,尽盛衰之理,观于天人之际,穷性命之微。

甚者,《诗》中抒情有余,言志多方,故学《诗》可以取友以情,合群以志。

而政教得失,不免人伦乖合,人情摇夺,皆可由诗以收纳;故学《诗》可以感事伤怀以自遣,而刺时刺事,又不失礼义之中守,终有温婉之意。

概而言之,学《诗》可养温柔之情,敦厚之性,潜通物类而不滞,允合德法而有益,其施于言行,则有美善之至。

至于人伦之事,言行美善者可以有成全之功;而人伦之大者莫过于父子、君臣;故学《诗》,近之可以事父,远之可以事君。

况《诗》中多鸟、兽、草、木之名,学《诗》亦可增广见识;增广见识则能明于万物,明于万物则可与之为友,与之为友则可以长养仁情啊!"

(十)

子谓伯鱼曰:"女为《周南》、《召南》矣乎?人而不为《周南》、《召南》,其犹正墙面而立也与!"

【注解】

为　学而遵行。○

《周南》、《召南》　《诗》首篇名。

【述要】

夫子对伯鱼道："你于《诗》中《周南》、《召南》有学而遵行吗？周、召两地，由文王分封为周公旦、召公奭之采邑，二公各于采邑施先公周大王之教。昔大王自豳迁岐，于岐始建王业，而周、召在岐山之南，故大王之教率由岐而先被南土；故诗采周、召之地，谓之《周南》、《召南》。《周南》、《召南》所咏多周室夫妇和睦之词，而夫妇不唯人伦基始，其和睦可以蔚成风气，遂使王畿之内，上下望风承化，人伦允熙，而人伦允熙，则政无不治；纵为藩国之远，亦能闻风向化，洽穆人伦而政治。是知《周南》、《召南》一为王道教化之正始，又为天下事业之根基，其所载之人伦之正与教化之利，岂不为君子言行之效仿？为人于《周南》、《召南》不学而遵行，其人则一无所见，一无所行了！一无所见，一无所行，岂非面墙而立？"

（十一）

子曰："礼云礼云，玉帛云乎哉？乐云乐云，钟鼓云乎哉？"

【述要】

夫子道："多说礼啊礼的，岂是祭祀所用玉帛，鲜洁丰备便说是礼了？若心无诚意何以成礼呢？多说乐啊乐的，岂是庙堂上钟鼓，音声悦耳便说是乐了？若心无和志何以成乐呢？"

无仁不足以表礼乐，无仁政亦不足以施礼乐。

（十二）

子曰："色厉而内荏，譬诸小人，其犹穿窬之盗也与！"

【注解】
厉　威严也。
荏　柔弱也。
穿　穿壁。
窬　逾墙。

【述要】
　　夫子道："德不修则德量不具，德量不具则内心怯懦，而内心怯懦者，必有偷薄之象。其人严色厉声以张势，不过为掩饰其内心怯懦罢了，而其偷薄之状，直可以小人作喻，似偷盗之徒于穿壁踰墙时之神情罢！"
　　相由心生，或由夫子发此先声。

（十三）

子曰："乡原，德之贼也！"

【注解】
乡原　原，与愿同。乡原，乡人之愿者，有鄙俗之意也。
贼　害良也。○

【述要】
　　夫子怒斥道："修德以成己德之明，广德以益众德之厚，而乡愿者反之。乡愿者，为投乡人所好，愿乡人皆好之，便自弃君子之德，自泯是非善恶之界，随众人好恶而好恶，于是盗取虚名而成乡中所谓'有德之人'，实则其言行无德可称；如此之人于己德有亏，于众德危害不浅啊！"

故唯直道乃德之友也。

（十四）
子曰："道听而涂说，德之弃也。"

【注解】
道听　不实之言，不由思而入耳。○
涂说　无据之词，不经虑而出口。○

【述要】
　　夫子道："道听之，入耳不析乎理以分是非，随而涂说之，出口不审乎善而乱是非，终于德性有亏而自弃其德啊！"
　　志从信道之深，德随行志之坚。不信从圣贤之言以向学，而喜听道涂之说以附会，何来有道之信？何来有志之行？
　　听之有道，说之亦有道，久而自成其德也。故君子慎言养德，方无所弃也。

（十五）
子曰："鄙夫！可与事君也与哉？其未得之也，患得之；既得之，患失之。苟患失之，无所不至矣！"

【注解】
鄙夫　庸恶陋劣之称。

【述要】
　　夫子道："不学无志而平庸鄙陋之人，能委其重任以事君吗？在名利未得之时，他患是否能得；在名利既得之后，又患是否会失。若是患得患失，那何事其不能为，何事其不敢为呢?"

唯有君子之任职，以尽忠尽贤为能事，名利得失不为其患，方可见忠信才德之美也。

（十六）

子曰："古者民有三疾，今也或是之亡也。古之狂也肆，今之狂也荡；古之矜也廉，今之矜也忿戾；古之愚也直，今之愚也诈而已矣。"

【注解】
疾　气禀之偏者。
狂者　志愿太高。
肆　谓不拘小节。
荡　逾大闲矣。
矜者　持守太严。
廉　谓棱角峭厉。
直　谓径行自遂。
诈　挟私妄作矣。

【述要】
夫子道："古之人虽亦有三种偏失，尚能容受之；而至于今，此三种偏失盖已消亡了吧，其已变异成丑而令人生厌了。其一为"狂"，古之人志狂气盛，便肆而不拘小节，今之人却狂荡而有逾大闲；其二为"矜"，古之人矜严持重，便廉而峭厉自洁，今之人却矜夸而忿戾好争；其三便是"愚"了，古之人信实愚钝，便直而耿亮自适，今之人愚暗却机诈弄巧。"

古今之异，王道之缺然。

(十七)

子曰:"巧言令色,鲜矣仁。"

【述要】

夫子道:"仁者本仁而出言,无须巧饰而自然言温;仁者尚德而宽柔,无须作色而自然和悦。因此而知巧言令色者,很少能称仁啊。"

(十八)

子曰:"恶紫之夺朱也,恶郑声之乱雅乐也,恶利口之覆邦家者。"

【注解】

紫　间色。
朱　正色。
雅　正也。
利口　捷给。
覆　倾败也。

【述要】

夫子道:"令人厌恶痛恨之事:一是朱色本为五色中正色,可以为天下正,却为紫色所掩夺而失其正啊!二是雅乐雅正中和,为先王之乐,可以调和性情而易良成教,却易为淫逸之郑声所乱啊!三是邦国以礼为序,以能为贤,却易被利口之人乱序失贤而倾覆啊!"

君子无所痛恶,则不足以为修德,亦不足以为政。

（十九）

子曰："予欲无言。"子贡曰："子如不言，则小子何述焉？"子曰："天何言哉？四时行焉，百物生焉，天何言哉？"

【注解】
天 大道之所从来，之所显隐也；亦万物之所生，之所归化也。○

【述要】
　　夫子道："我不欲再言了！"
　　弟子子贡慌忙说："先生若不言，那我等为弟子者，有何言可从而口述心学呢？"
　　夫子道："上天何言？四时却能承天道而流行不止，百物却能载天德而生生不已呀！上天又需何言呢？你们不妨向天问学，从天而述吧！"
　　夫子之道承天，不言而喻。夫子之言无不在道，而道在言外，岂能拘泥言语而罔道，故夫子欲无言以警子贡。

（二十）

孺悲欲见孔子，孔子辞以疾。将命者出户，取瑟而歌，使之闻之。

【注解】
孺悲 鲁人，尝学士丧礼于孔子。

【述要】

　　孺悲欲见夫子，夫子以疾病推辞。待传命者出户之后，又自取瑟而歌，使孺悲能听其和瑟之歌。

　　夫子不见孺悲自有其是，而取瑟为歌，其许许平和之气早已随歌声以扬远，夫子虽为不见，其何曾有怒向之意；而孺悲见拒，其既闻夫子乐声平和，又何曾有怨对之心，遂亦能平心而思夫子何以不见，自能省过以迁善也！

　　乐和之义，夫子妙用也！

(二十一)

宰我问："三年之丧，期已久矣！君子三年不为礼，礼必坏；三年不为乐，乐必崩。旧谷既没，新谷既升，钻燧改火，期可已矣。"子曰："食夫稻，衣夫锦，于女安乎？"曰："安。""女安，则为之！夫君子之居丧，食旨不甘，闻乐不乐，居处不安，故不为也。今女安，则为之！"宰我出。子曰："予之不仁也，子生三年，然后免于父母之怀。夫三年之丧，天下之通丧也。予也，有三年之爱于其父母乎？"

【注解】

期　周年也。

没　尽也。

升　登也。

燧　取火之木也。

改火　春取榆柳之火，夏取枣杏之火，夏季取桑柘之火，秋取柞楢之火，冬取槐檀之火，亦一年而周也。

已　止也。

居丧　礼，父母之丧，既殡，食粥、粗衰。既葬，疏食、水饮，受以成布。期而小祥，始食菜果，练冠縓缘、要绖不除，无食稻衣锦之理。

旨 亦甘也。

【述要】
　　弟子宰我问:"为父母守丧要三年呀?一年已天运一周,时物皆变,便已许久了吧。天下君子若三年皆不为礼修仪,那礼制必然坏损;若三年皆不为乐洁志,那乐制必然崩颓。旧谷告罄,新谷登用,一年可以了,至于钻燧取火,虽需每季改换燧木,四季便又可重新,那一年也可以了。"

　　夫子反问道:"只居丧一年,便口食稻米,身着锦衣,于你而言能心安吗?"

　　宰我回答说:"可以心安。"

　　夫子严辞道:"你觉得心安便这样吧。可你要知晓,君子居丧期间,虽食甘旨美味,其不觉甘美,虽闻华乐雅音,其不觉心乐,于所居所处,其始终不安;因此居丧期间,君子不食甘,不闻乐啊!而今你却能心安,那便随你了吧!"

　　宰我揖拜而出。

　　夫子忧色道:"若宰我果真如此,便是不仁了!人生三年之后,方离于父母之怀,三年之丧,那是天下通行之丧期啊!于自己父母之怀,宰我也有得三年之爱吗?"

　　宰我强辞未必不仁,盖能守丧一年,已显哀情,其余二年丧服虽除,其哀情犹可一贯,此夫子未尝不可知也。而礼之为用,一述仁情,二行教化,若不顾通义而损年去礼,久之则伤仁情,亦伤教化也,故宰我强辞一出,为显义重教以正视听,夫子已及时正之。

(二十二)

子曰:"饱食终日,无所用心,难矣哉!不有博弈者乎?为之,犹贤乎已。"

【注解】

心　天道之归藏，仁道之取用。○
难　厄境也。○
博　局戏也。
弈　围棋也。
贤　胜也。○
已　助语词也。○

【述要】

夫子道："饱食终日，无所用心，其人早已荒于志，怠于学，身处困顿而不自知，便难与之谈贤论道了！不还有博彩弈棋吗？便是好为博弈也比无所用心要强些呢。无所用心，为人最不可取了！"

天行健而君子自强，人天故称一德。一德之心，无所用之，何以明识用精以显道昌化？

博弈虽为小道，犹不废智运，一旦道心觉悟，尚可以归正其心而运思以学；而无所用心者，则一无所取也。夫子仅以此取譬，非劝人于此道有好。

（二十三）

子路曰："君子尚勇乎？"子曰："君子义以为上。君子有勇而无义，为乱；小人有勇而无义，为盗。"

【注解】

尚　上之也。
勇　任运之力。○
义　有节之心。○

【述要】

　　弟子子路说:"君子当尚勇吧?"

　　夫子纠正道:"君子尚义。欲为君子者,徒恃勇力而不求节义,行事必为错乱而不自知,便难为真君子了;至于小人有勇无义,那一定是为盗作奸了。"

　　义之为勇,岂血气之逞。勇而无义,匹夫也,义而有勇,君子也。

(二十四)

子贡曰:"君子亦有恶乎?"子曰:"有恶,恶称人之恶者,恶居下流而讪上者,恶勇而无礼者,恶果敢而窒者。"曰:"赐也亦有恶乎?""恶徼以为知者,恶不孙以为勇者,恶讦以为直者。"

【注解】

讪　谤毁也。
窒　不通也。
徼　伺察以求幸也。○
讦　攻发他人之私。○

【述要】

　　弟子子贡说:"君子也有所憎恶吧?"

　　夫子道:"是呀,君子有所憎恶。喜好称道他人之恶者,必无仁厚之意,君子恶之;身居下位而喜好谤毁上位者,必无忠敬之心,君子恶之;好恃勇力而无礼者,必无克己之心,君子恶之;为事果敢而不通事理者,必有妄作之祸,君子恶之。"

　　夫子反问子贡:"子贡啊,你也有所恶吧?"

　　子贡回答说:"我亦有所憎恶:徼幸所得,却自以为智深;倨傲不逊,却自以为有勇;攻讦他人,却自以为直率。"

恶恶不已，其善则生，善善不已，其仁则固。

（二十五）
子曰："唯女子与小人为难养也！近之则不孙，远之则怨。"

【注解】
女子　天生情长而理易失，以至情亦乖者。○
小人　自来理短而情易失，以至理亦乖者。○
唯　语助也。○
养　育也，教也。○

【述要】
　　夫子道："为女子者天生情长，为小人者自来理短，此二者皆易有情理之两乖，若要教养之，不免有些困难了；过于亲近，便会狎昵而不逊，而若疏远，又易生多怨言。因此为君子者，于二者远近亲疏之间，其为言为行、为礼为教便更需谨严了！"
　　女子、小人非言具体，但言性情之属；若君子、小人亦非言具体，但言修为之差耳。

（二十六）
子曰："年四十而见恶焉，其终也已！"

【注解】
四十　不惑而成德之时。○

【述要】
　　夫子道："人道之基本在于知善而处，见恶不入，能隐恶而扬善啊。年至四十当不惑于善恶了,若四十仍不免见恶于人,那此人于道德修为则止而不前,终而无望了。"

四十言大数也,三十更好!虽不乏四十五十而后不见其恶者,然人生常不满百,行年将半而始弃其恶,不亦迟乎!人生时不我待,当修养及时,夫子言表之意,已溢拳拳之情也。

微子篇

微子第十八

凡十一章

（一）

微子去之，箕子为之奴，比干谏而死。孔子曰："殷有三仁焉！"

【注解】
微、箕　二国名。
子　爵也。
微子　纣庶兄。见纣无道，去之存宗祀。
箕子、比干　纣诸父。

【述要】
　　微子为纣王庶兄，箕子、比干为纣王诸父。时纣王无道，人民哀苦，三子不以位尊爵显为念，而以王道生民为忧，时为谏言，却数谏不听。于是微子卷道怀德而去国存祀；箕子则守道安德而佯狂为奴；比干则为成道尽德而剖心死谏。
　　夫子道："殷末天下无道，尚有三子有功于社稷，存德于人民，真是三位仁者啊！"
　　纣虽无道，其之不亡赖有三仁；而三仁既亡，纣无日矣！故仁之于国，犹干之于枝叶也！

（二）

柳下惠为士师，三黜。人曰："子未可以去乎？"曰："直道而事人，焉往而不三黜？枉道而事人，何必去父母之邦？"

【注解】

士师 狱官。

直道 直由道义。○

黜 退也。

【述要】

柳下惠为狱官,一向忠其所职,直身难犯,以致三次被黜。

有人劝慰说:"你不可以去往他邦吗?"

柳下惠回答说:"如今王道式微,政风鲜廉,直道尽职而事人,去往哪里而不三次被黜呢?枉道徇私而事人,又何必离开父母之邦呢?"

确乎而不可拔者,直道也;深乎而不可移者,故国之情也。

(三)

齐景公待孔子,曰:"若季氏则吾不能,以季、孟之间待之。"曰:"吾老矣。不能用也。"孔子行。

【述要】

齐景公欲予夫子待遇,与臣下议论说:"若以鲁国季氏上卿之尊待遇之,我肯定不能;那便以季氏上卿、孟氏下卿之间为准吧。"

后又说:"我老了,不能于他有大用了。"

夫子于是离开了齐国。

夫子身负王道,以齐国衰落之象,不能予夫子以显尊之名,何以行王道之实?盖位卑无以言重也。而景公爱惜爵禄甚于王道,不能尽事贤之礼,不能彰尊道之心,即使有用于夫子,夫子亦必辞而远行矣。

(四)
齐人归女乐,季桓子受之。三日不朝,孔子行。

【注解】
女乐 官中乐工女伎,歌舞柔靡,以声色悦人,其与雅乐相对。○
季桓子 鲁大夫,名斯。

【述要】
　　齐人怀阴谋而馈赠女乐于鲁,季桓子却欣然受之,竟流连三日而不朝。季桓子身居上卿,一国大政所系,而不谋政以尽忠,是弃事君之礼,不听朝以临事,是慢群下之贤,道之不昌既已如此,于是夫子决意去国。

(五)
楚狂接舆,歌而过孔子,曰:"凤兮!凤兮!何德之衰?往者不可谏,来者犹可追。已而!已而!今之从政者殆而!"孔子下,欲与之言。趋而辟之,不得与之言。

【注解】
接舆 楚之贤人,姓陆名通,字接舆,佯狂辟世。○
凤 应瑞来仪之鸟,有道即见,无道则隐。○
已 止也。
而 语助辞。
殆 危也。

【述要】
　　楚地佯狂避世者接舆,升歌而过夫子车前,歌中唱道:

"凤鸟呀！凤鸟！天下道德既如此之衰！你如何不隐，如何不隐啊！逝且往者，我自不可以劝阻，将而来者，我尚可以追劝吧！罢了！罢了！如今之从政者，早已是弃道行危了！"

夫子下车，欲与之言。接舆疾趋而远辟，夫子终不得与之言。

夫子若非仁圣，楚狂岂接之；楚狂若非怀德，夫子岂欲与之言也；虽不得言，而德者间同调之交契，何曾有失！

（六）

长沮、桀溺耦而耕。孔子过之，使子路问津焉。长沮曰："夫执舆者为谁?"子路曰："为孔丘。"曰："是鲁孔丘与?"曰："是也。"曰："是知津矣。"问于桀溺，桀溺曰："子为谁?"曰："为仲由。"曰："是鲁孔丘之徒与?"对曰："然。"曰："滔滔者，天下皆是也，而谁以易之？且而与其从辟人之士也，岂若从辟世之士哉？"耰而不辍。子路行以告，夫子怃然曰："鸟兽不可与同群！吾非斯人之徒与而谁与？天下有道，丘不与易也。"

【注解】

长沮、桀溺 为隐者，姓名不传。沮，止也；桀，通杰，特出也。谓二人沮止于隐，溺亡于野，皆长往而不反，桀沦而更没，固有长沮、桀溺之名也。○

耦而耕 并力于田。○

津 济渡处。

执舆 执辔在车也。

知津 言布道于天下，自知津处。○

滔滔 流而不反之意。

以 犹与也。

而 汝也。
辟人之士 谓孔子。辟人，或我避人，或为人所避。○
辟世之士 桀溺自谓。
耰 覆种也。
怃然 犹怅然。
徒 同类之人。○
易 治也。○
斯人 夫子欲劝之人。○

【述要】
　　隐者长沮、桀溺相并而耕，时夫子经过之，使弟子子路向二人问津渡所在。
　　长沮说："车上执辔者是何人啊？"
　　子路作揖回答："是我们先生孔子。"
　　长沮说："是鲁国孔丘吗？"
　　子路回答："是的。"
　　长沮便说："他不是要行大道于天下吗？那他自己便应知晓津渡之所在了。"
　　子路无奈，又作揖问于桀溺。
　　桀溺说："你又是何人呢？"
　　子路回答说："我是子路。"
　　桀溺说："是鲁国孔丘之门徒吧？"
　　子路回答："正是。"
　　桀溺便说："河水东逝，滔滔不止，天下趋前之势，一如此滔滔流水，而谁能于以改变这世道呢？至于你们先生，他周游列国，言道不合便避人而去，终无可成；你与其从随如此避人之士，终年碌碌奔忙，不如从随我等避世之士，逍遥自在吧！"于是两人耦耕不辍，不再理会子路。
　　子路回告夫子，夫子怅然道："避世而隐于山野者是欲与鸟兽同群吗？可鸟兽非为人类，终不可与之同群吧。我欲谋道于人，常因道之不同，不得已避上位者而去之，或为上位者所避之不及，而王道之于生民，命也，王术之行又定夺乎上位者，故我不与上位者相谋以推王术，不与生民同群以行教化，又能与谁呢？难道隐于山野去与鸟兽为伍吗？若天下有道，我亦不必于其中谋道治世而奔忙啊！又何来避人呢？既无避人，亦无所谓避世了。"

隐者之所怀唯道，故其自安于天命；而夫子之所怀不唯道，犹有仁义之担当，故其心虽安于天命，而其志必在人事之功也。夫子虽不与隐者之言，而隐者逍遥之乐，不亦为生民之本然，王化之所以然者乎？不亦为夫子之求之者乎？而夫子列国之游，一时而未能使天下归乎此乐，其中颠沛之苦，一时而未能使师徒安于此乐，其思潮起处，不禁有怆然之色也！

（七）

子路从而后，遇丈人，以杖荷蓧。子路问曰："子见夫子乎？"丈人曰："四体不勤，五谷不分。孰为夫子？"植其杖而芸。子路拱而立。止子路宿，杀鸡为黍而食之，见其二子焉。明日，子路行以告。子曰："隐者也。"使子路反见之。至，则行矣。子路曰："不仕无义。长幼之节，不可废也；君臣之义，如之何其废之？欲洁其身，而乱大伦。君子之仕也，行其义也。道之不行，已知之矣！"

【注解】

丈人　亦隐者。

蓧　竹器。

分　辨也。

植　立之也。

芸　去草也。
伦　序也。

【述要】
　　弟子子路从随夫子而一时落后,路遇一老者,老者正以其杖担荷蓧器。
　　子路作揖说:"请问见过有弟子从随,驾车经过之夫子吗?"
　　老者说:"不安于乡邑,却带弟子周游,一定是肉食者类,四体不勤于农事,五谷不能分辨之人了,其何以得称夫子呢?"老者说罢,立杖而俯身除草,子路益恭,于一旁拱手而立。
　　于是老者留宿子路,杀鸡并为黍饭而招待子路,其间向子路引见其二子。二子之见乃老者有意为之,其欲使子路知晓,虽为田间之人,却有一家之好,不失长幼人伦之乐啊!子路你为人之子,为人之父,又何必舍亲而远随夫子飘泊异邦呢?
　　明日,子路辞行,回以告夫子,夫子道:"是隐者啊!"于是命子路反回以引见。事有遗憾,至老者处,老者却已避走。
　　子路不满而发议论说:"何必再寻隐者。不出仕奉国,不能算尽义吧!长幼间之规范,尚且不可废弃,何况君臣间之大义,如何能废弃呢?若仅存长幼而废君臣,徒求清洁以自好,则乱大伦;故君子出仕奉国,是行大义啊!此般隐者竟弃大义于不顾,从效者固不在少,哎!道之不行于天下,我已知其所以然了。"
　　子路所知者,夫子之当仁而任也;其所不知者,夫子与隐者道心之戚戚焉。

（八）

逸民：伯夷、叔齐、虞仲、夷逸、朱张、柳下惠、少连。子曰："不降其志，不辱其身，伯夷、叔齐与！"谓柳下惠、少连："降志辱身矣。言中伦，行中虑。其斯而已矣！"谓虞仲、夷逸："隐居放言，身中清，废中权。""我则异于是，无可无不可。"

【注解】
逸民　节行高洁超逸之人。○
虞仲　即仲雍，与大伯同窜荆蛮者。仲雍居吴，断发纹身，裸以为饰。
夷逸、朱张　不见经传。
少连　东夷人，事不可考，然《礼记》称其善居丧，三日不怠，三月不解，期悲哀，三年忧。
伦　义理之次第也。
虑　思之正也。○
放　弃也。○
清　出世为清，入世为浊；而清浊无不在道中。○
经　常也。○
权　虽反于常，犹不失其宜，终能成善者也。○

【述要】
　　古来逸民有：伯夷、叔齐、虞仲、夷逸、朱张、柳下惠、少连。
　　夫子道："不降志辱身以称臣，是伯夷、叔齐吧！"
　　于柳下惠、少连，夫子道："时为黜黜，虽降志辱身而不肯去国，其言犹不背理，其行犹合大要，他们是如此吧！"
　　于仲雍、夷逸，夫子道："二人隐而深居，放世务而不言；其隐而深居，遂守身以独善，此为合道之清，而其放世务而不言，废世不入，此为合经之权啊。"

而于自己，夫子则道："古之逸民皆为直道之人，其行事者有三，虽自不同，却各有所宜；而其所以如此行者，盖以为唯其所行方可谓直道。我则以为，或申志，或降志；或守身，或辱身；或入世，或隐居；或发言，或放言；其可与不可，但随先王之道所须适之而适之，所行不必限其一，当视其具体而择其一啊。"

王道之不幸而有逸民，逸民之行重在守道，而夫子之行重在行道，故夫子之则，是所谓与时进退，与道休戚而已；其之异于逸民者，是不泥也，非不为也。

至于文中所谓权者，非离经也，盖经循大常而定，而权从变化以用，虽用权，更无乖仁义之旨也，故权之用是经之补益也。

（九）

大师挚适齐，亚饭干适楚，三饭缭适蔡，四饭缺适秦。鼓方叔入于河，播鼗武入于汉，少师阳、击磬襄入于海。

【注解】

大师 鲁乐官之长。

挚 其名也。

亚饭 亚，次也，三、四又言次之。亚饭、三饭、四饭，皆以乐侑食之官。干、缭、缺，皆名也。《周礼·春官·大乐乐》云："王大食，三侑，皆令奏钟鼓。"○

鼓 击鼓者。

方叔 名。

河 河内。

播 摇也。
鼗 小鼓。
武 名也。
汉 汉中。
少师 乐官之佐。
阳、襄 二人名。
海 海岛也。

【述要】
　　唉，可惜啊！太师挚去往齐国；亚饭干去往楚国；三饭缭去往蔡国；四饭缺去往秦国；击鼓者方叔则隐遁于河滨；而播鼗者武隐遁于汉水；少师阳、击磬者襄隐遁于海滨。
　　欲行乐教，非歌工、乐工不能，其实一国难得之才干，去之可惜，故夫子记之。而礼乐坏，鲁国衰，一众乐官天涯散尽，故能知夫子唏嘘之不胜也！

（十）
周公谓鲁公曰："君子不施其亲；不使大臣怨乎不以；故旧无大故，则不弃也；无求备于一人。"

【注解】
鲁公 周公子伯禽也。
施 偏私之惠也。○
以 用也。○
大故 谓恶逆。○

【述要】
　　周公训诫公子伯禽道："君子虽亲其亲，而不偏施恩惠；尽大臣之才，不使大臣才无见用而生怨；故旧之臣若无大过，不能弃而不用；无责备求全于一人。"

唯明君言之如此，唯盛世有此明君，周公和情宽仁之教犹闻在耳，后之鲁君何以弃教而取衰？王道之可鉴未为远矣！

（十一）
周有八士：伯达、伯适、仲突、仲忽、叔夜、叔夏、季随、季骒。

【述要】

周代有八位贤士：伯达、伯适、仲突、仲忽、叔夜、叔夏、季随、季骒。

一家能举八士，可见彼时教化之流行！而今周室其安在哉？可叹王道之凋丧！而盛世未远，犹可望礼乐之重新矣！

子张篇

子张第十九

凡二十五章

(一)

子张曰:"士见危致命,见得思义,祭思敬,丧思哀,其可已矣。"

【注解】
士　以作为言君子者。○
致命　国须其命之效也。○
思义　民利之不争也。○
思敬　天命之有所畏也。○
思哀　礼义之有所尽也。○

【述要】
　　子张说:"见邦倾危,必能有所授命;见有所得,必能先思其义;祭思敬,丧思哀;如此而为者,则可称士了。"
　　"见危致命,见得思义。"本乎夫子之教,而夫子之教已然显乎子张之言也。而子张之言又将显乎后来之贤,可见圣贤立言之大,立言之不朽也,可以振百代而起衰。而贤圣相仍以继,道统于斯潜运以流光,学者能不欣然而神往,省然而欲与之者乎?

(二)

子张曰:"执德不弘,信道不笃,焉能为有?焉能为亡?"

【注解】

有　谓执德能弘，信道唯笃，一实于道德者也。○
亡　无实于道德。○

【述要】

　　子张说："自称是固守于德，却不能弘而充大；自称是信从于道，却不能笃而至深；如此这般焉能有实于道德？而为君子者，又焉能无实于道德？"

（三）

子夏之门人问交于子张。子张曰："子夏云何？"对曰："子夏曰：'可者与之，其不可者拒之。'"子张曰："异乎吾所闻：'君子尊贤而容众，嘉善而矜不能。'我之大贤与，于人何所不容？我之不贤与？人将拒我，如之何其拒人也？"

【注解】

矜　悯惜也。○
与　语辞。○

【述要】

　　子夏之门人问子张如何交友？
　　子张反问："子夏如何说？"
　　他回答："子夏说：'可交者便与之交往，不可交者便拒之。'"
　　子张说："与我所闻不同啊。我所闻者，君子尊贤而容让他人，嘉善而同情不能。我若至于大贤，于他人有何不容？我若至于不贤，则他人将拒交于我，我又如何能拒交他人呢？"

是论其人品而交友，故子夏之言须善用而后是；但修于己德而容众，故子张之法可随遇而能安；二者或间次第，而君子之风一也。

（四）
子夏曰："虽小道，必有可观者焉，致远恐泥，是以君子不为也。"

【注解】
小道　事之末也。○
泥　不通也。
可观　有利可图。○

【述要】
　　子夏说："种种经世之道，若非先王之道，皆为小道；种种为人之德，若非君子之德，皆为小德。虽是小道小德，也必有可欲可行之处，而欲致道境之深远，德域之宽广，便泥滞不前了；因此小道小德，君子不为啊！"
　　事有本末。末者，诸般之细行，其为小道，本者，一统之大体，其为大道。君子所立者大，其为务本而举大体，可时时兼及乎末也；而若务末，难有大体之顾，终失其本也。

（五）
子夏曰："日知其所亡，月无忘其所能，可谓好学也已矣！"

【注解】
亡　无也。
学　求知积能也。○

【述要】

　　子夏说:"每日能知其所未知,日新而积知成智;每月能不忘其所已能,月异而积能为贤;如此则可以说是好学了。"

　　学累于日月,道积乎微末。

(六)

子夏曰:"博学而笃志,切问而近思,仁在其中矣。"

【述要】

　　子夏说:"博文而学,笃志而坚,久则智纯不杂;切实而问,近事而思,久则虑深无惑;智虑纯深,则私欲寡淡,仁自然在其中了。"

　　仁之存养,可以在学问。

(七)

子夏曰:"百工居肆以成其事,君子学以致其道。"

【注解】

百工　各类手艺之工。〇
肆　作坊。〇
致　极也,献也。〇
道　一曰理也,三才之共由,其为学问之道。一曰术也,仁治之所由,其为王化之道。〇

【述要】

　　子夏说:"百工长居市肆,其日夕辛苦所欲为者,能赢利以养其家;而君子日夕精勤于学业,其所欲者,进极于学问之道,并布王道于天下啊!"

有家待养，百工不得不作；有道待致，君子不能不学。故不能致其道，不可谓学矣！

（八）
子夏曰："小人之过也必文。"

【注解】
文 饰之也。

【述要】
　　子夏说："君子有自省之德，改过之贤。小人惮改，一旦有过，必欲自欺欺人而文过饰非；其过之不去，必致重过而留结成恶呀。"
　　小人之过所以文之，以其忍为不仁，故观过，斯知君子与小人也。

（九）
子夏曰："君子有三变：望之俨然，即之也温，听其言也厉。"

【注解】
俨然者 貌之庄。
温者 色之和。
厉者 辞之确。

【述要】
　　子夏说："真君子者有三变：初初而望，是俨然谨肃，礼严难犯；一有亲近，便觉其有春阳般温和，身心如沐仁风；再听其言，似金声玉振，直厉人心，而发人深省啊。"

俨然者，其礼之使然；温也者，其仁之使然；厉也者，其道之使然也。故君子有三变。

（十）
子夏曰："君子信而后劳其民；未信，则以为厉己也。信而后谏，未信，则以为谤己也。"

【注解】
信　我欲推己及人，而人亦欲我之所推。○
厉　犹病也。

【述要】
　　子夏说："上位君子须立诚于己，有信于民，而后可以劳动民力，功成国事；而虚情作伪，未信于民，必为人民所怨而反害于己。有信而后可以劝谏；未信于人而谏，亦必为人所怨而反害于己了。"
　　信则仁爱相善，不信则怨谤相责。

（十一）
子夏曰："大德不踰闲，小德出入可也。"

【注解】
大德　小德　犹言大节、小节。
闲　阑也，所以止物之出入。

【述要】
　　子夏说："若大德不出规矩范围，是所谓节义不亏，小德小节虽一时出入，尚可以接受之。"
　　大德既立，当积小德以成之；若小德一时出入，尚可时时以正之。然大德不可踰闲,若大德踰闲,则终生为之屈节,而何德之可言也!

(十二)

子游曰:"子夏之门人小子,当洒扫应对进退则可矣,抑末也;本之则无。如之何?"子夏闻之曰:"噫!言游过矣!君子之道,孰先传焉?孰后倦焉?譬诸草木,区以别矣。君子之道,焉可诬也?有始有卒者,其惟圣人乎!"

【注解】

倦　如诲人不倦之倦。
区　犹类也。

【述要】

　　子游说:"子夏之门人小子,担当些洒扫之事,应对之辞,进退之礼,则未尝不可,而此不过是些末枝小节,至于原道立本之学则无有了,这如何是好呢?"

　　子夏听闻后说:"唉!子游之言过了!君子之道,所需在先仔细以传者为何?所需在后辛勤以授者为何?譬如草木,质地不同,便有细粗小大之不同。君子之道,虽则分以本末,亦需教以先后;徒知本末之分,不知先后之教,甚或不问材之细粗小大便予施行,如何可以这般诬枉而曲解君子之道呢?因时因人,依本依末而分科施教,并能有始有终者,此非圣人之教吗?"

　　子游之言重在本末之知,子夏之意重在先后之施,若能知其本末而施以先后,则可成君子之道也。故子游子夏之言当合以观之,方可富圣人之教义。

（十三）
子夏曰："仕而优则学，学而优则仕。"

【注解】
仕 王道之行也。○
优 胜任之而有余力也。○
学 王道之知也。○

【述要】
　　子夏说："奉官为民，若精力优裕富余，应求贤问学以益政；若学有优胜，能力具备，应出仕为民，学为所用啊。"
　　学以知，仕而行，优仕优学，优学优仕，是所谓知行一合，而有王道之深耕也。

（十四）
子游曰："丧致乎哀而止。"

【述要】
　　子游说："为人子者，有其应尽之责，未尽之事，但知保任身心，故临丧致于哀痛，应知可而止，以免身有所毁；至于丧礼，亦不必求奢，致哀痛者已是止于丧礼之义了。"

（十五）
子游曰："吾友张也，为难能也。然而未仁。"

【注解】
仁 人之通情通德也。○

【述要】

子游评价说:"我友子张,学识卓拔,确实难能可贵啊!然其仁未至于纯纯,一如仁者。"

天赋善端曰仁,其乃人之通情通德也,是以贤愚与否,皆能识会知观于仁;又仁为人心之全德,故于仁可以有德量之考察,知其有无虚实,小大精粗,深浅厚薄。故在夫子,可以知其弟子仁之深浅;而在子游,亦可知子张仁之厚薄。然唯圣人至仁至性,故唯圣人可以于仁有全体之通观与识鉴。

(十六)

曾子曰:"堂堂乎张也!难与并为仁矣。"

【注解】

堂堂 容貌之盛。
并 平列也。○
为仁 躬行仁道也。○

【述要】

曾子说:"我友子张,其仪表堂堂,气度雍容!其于仁道躬行之深,他人难与之并称啊!"

向慕时贤而欲齐,一者子张之仁德可嘉,二者曾子之好学可佩。能同仁而相善,虽岁月悠往,天下犹可期仁风蔚然而盛运也!

曾子之言似与子游之言矛盾,实不然也。子张之仁虽曰未足,然必多可嘉之处,甚或他人多所未及也,曾子不以其未足而掩其仁,足见曾子之厚也。

(十七)

曾子曰:"吾闻诸夫子:'人未有自致者也,必也亲

丧乎？'"

【注解】
致　尽其极也。

【述要】
　　曾子说："我曾听闻先生道：'人之所为，没有能自尽其极的，唯临父母之丧，或许可能吧。父母之丧，为人子者能自尽其情而举哀，能自尽其诚而治礼。'"
　　而圣人志道据德，依仁比义，故唯圣人于为学，于诲人，于人性之美善，于天下之化成能无所不用其极也。

（十八）
曾子曰："吾闻诸夫子：'孟庄子之孝也，其他可能也，其不改父之臣与父之政，是难能也。'"

【注解】
孟庄子　鲁大夫，名速。其父献子，名蔑，有贤德。

【述要】
　　曾子说："我曾听闻先生道：'孟庄子之孝道孝行，其他方面他人或许能及；而其能秉承其父之贤德，不改其父所遗贤臣，所留惠政，则是他人所不能及了。'"
　　为政者多以用新为能，新作为功，殊不知贤无新旧，尽贤为能，旧章不旧，遵之有功；而诸侯于先王之道，何尝如此？

（十九）
孟氏使阳肤为士师，问于曾子。曾子曰："上失其道，民散久矣！如得其情，则哀矜而勿喜。"

【注解】

阳肤 曾子弟子。
民散 谓情义乖离,不相维系。
哀矜 仁之为用也。○

【述要】

孟氏命阳肤为狱官,阳肤请教曾子如何治狱?

曾子说:"在上位者失道失信,而民心离散已久了,民时有犯过在所难免啊。你审讯之时如得下民之实情,当哀矜其过失,而不能以掌握证据便沾沾自喜啊。"

哀矜发乎仁,可以治狱,而王政发乎仁,则可以治国。仁之用,无所不施也。

(二十)

子贡曰:"纣之不善,不如是之甚也。是以君子恶居下流,天下之恶皆归焉。"

【注解】

如 从属也。○
是 正义也。○
下流 地形卑下之处,众流之所归。

【述要】

子贡说:"纣王为恶,以致天下恶名皆归其身,不如法竟到了这般地步!因此君子憎恶身居不善之地,一旦身居不善之地,天下之恶则相互召感而皆来归附了!"

道成于积善,名毁于归恶。

（二十一）

子贡曰："君子之过也，如日月之食焉。过也，人皆见之；更也，人皆仰之。"

【注解】
食　日月之亏蚀也。〇
更　改也。〇
仰　慕而向往。〇

【述要】
　　子贡说："君子之德有如日月之明，因而君子之过，亦如日月之食；如有过，日月则暂为失明，而人人得以见之；如更过，日月则又为悬明，而人人得以仰之啊！"
　　君子所以改过，以其有不忍之仁，故为君子者，不掩其过也。而君子更过自新，不减其德性之光，不减人仰止之意也。

（二十二）

卫公孙朝问于子贡曰："仲尼焉学？"子贡曰："文武之道，未坠于地，在人。贤者识其大者，不贤者识其小者，莫不有文武之道焉。夫子焉不学？而亦何常师之有？"

【注解】
公孙朝　卫大夫。
识　音志，记也。
在人　言人有能记之者。

【述要】

　　卫大夫公孙朝问于子贡说:"仲尼何处向学而能得如此鸿富广博之学问啊?"

　　子贡说:"历代先王之宏谟文告,隆功武训,乃至周公之礼乐文章,至今未坠于地而有传承,在于人啊。贤者能识文武之道有其大用,知其乃天下兴亡之所系,因此能处处留心以学问;而不贤者以为文武之道不过小道而已,何尝留心于学呢?文献史迹之中,周室及各国诸侯所沿习制度之中,时贤者掌握之中,遗存风俗之中,无不有文武之道在呀,夫子何处不能向学呢?又何曾有常师呢?"

　　道无常处,学无常师,贤者唯识其大,故能成其大。

(二十三)

叔孙武叔语大夫于朝曰:"子贡贤于仲尼。"子服景伯以告子贡。子贡曰:"譬之宫墙,赐之墙也及肩,窥见室家之好;夫子之墙数仞,不得其门而入,不见宗庙之美,百官之富。得其门者或寡矣!夫子之云,不亦宜乎?"

【注解】

武叔　鲁大夫,名州仇。
宫　室也。〇
仞　七尺。
宗庙　古者宗庙与室家相连者,乃贵家大室。〇
百官　乃家中治事之府。〇
夫子　指武叔。

【述要】

　　叔孙武叔于朝堂之上对诸大夫评价说:"子贡比仲尼贤能

呀。"子服景伯以此告子贡。

子贡感叹说:"此言过了。就以宫墙为譬喻吧,我居家之墙不过富家之墙,高不及肩,墙内室家之好,他人一望而知;而夫子之墙则宫墙数仞,其室家之好,深蔽其中,若不得夫子之门而入者,不能见其中有宗庙之美,有百官之富啊!而能得夫子之门以入者便少了,自然会以为我好。如此看来,叔孙武叔之所以如此而言,不亦有其所宜吗?"

毁圣人者必自毁,已验之后世而不爽。

夫子门墙内外,风景殊异,得入与否?有学问深浅、修为高下之分,为学者焉能止于其门而不入?门内既美且富,志学者又焉能拒其道而不向?

夫子富藏,子贡昭之有功,而夫子富藏,乃天下之大藏也,熠熠然光华四溢,由君子及观之,而可播扬远近以广泽天下矣!

(二十四)

叔孙武叔毁仲尼。子贡曰:"无以为也!仲尼不可毁也。他人之贤者,丘陵也,犹可逾也;仲尼,日月也,无得而逾焉。人虽欲自绝,其何伤于日月乎?多见其不知量也!"

【注解】
毁　小人昧其德性而伤人。○
无以为　犹言无用为此。
丘　高土。○
陵　大阜。
日月　逾其至高。
自绝　谓以谤毁自绝于孔子。
多　与祇同,适也。

【述要】

叔孙武叔时常毁损夫子。

子贡笑笑说:"无用为此,夫子不可毁啊!他人之贤,不过丘陵在地,尚可以攀而逾之;而夫子之圣,如日月在天,又谁能超越呢?毁损者虽欲自绝于圣人,自弃于日月,那于日月又有何伤呢?言此不实之论,多见其不知思量吧!"

夫日月悬明,而有天道之昭昭,人道之明明;然人道之明明,莫不由圣人之教化,而圣人所以有其教化,莫不由天道之昭昭也。子贡亲近夫子,其言夫子为日月,其心若无光明之领受,则何以有此引喻?而若夫子之性命不纯,又何能有光明之施与?唯夫子心地澄明一片,与乎天道之昭昭,方能显此离离之照彻!

毁夫子者,岂止叔孙武叔,后世毁夫子者不在少。或因其私恶不容于夫子之仁而毁之,或因其异端不容于夫子之道而毁之,或曲解其辞而诘难于夫子,或推委其责而归恶于夫子,凡此种种,莫不时过境迁,烟消云散,唯见毁者自毁,而夫子特立百代,挺生千祀,未尝稍有毁也,何以哉?盖先王之道赖夫子以传,后世之教赖夫子以开,去夫子则无文可称,得夫子则有化可言,生民无不仰其泽而被其德也!

(二十五)

陈子禽谓子贡曰:"子为恭也,仲尼岂贤于子乎?"子贡曰:"君子一言以为知,一言以为不知,言不可不慎也!夫子之不可及也,犹天之不可阶而升也。夫子之得邦家者,所谓'立之斯立,道之斯行,绥之斯来,动之斯和,其生也荣,其死也哀。'如之何其可及也?"

【注解】

为恭 谓为恭敬推逊其师也。

阶	梯也。
立之	谓植其生也。
道	引也，谓教之也。
行	从也。
绥	安也。
来	归附也。
动	谓鼓舞之也。
和	所谓于变时雍，言其感应之妙，神速如此。
荣	谓莫不尊亲。
哀	则如丧考妣。

【述要】

一日，陈子禽对子贡似玩笑说："子贡你是谦逊了，仲尼如何贤于你呢？"

子贡敛容肃声说："君子只出一言，便让人辨知其智与不智了；因此君子之言，不可不慎啊。夫子之不可及，犹如天之高远，不可循阶而往之！夫子若能得邦家而治，则是所谓王道了：其人昌礼乐，兴王纲，而君臣序、邦国立；其人导之以德，劝之以善，而生民皆能教化从随，政令奉行；其人德修而近人安，文修而远人绥，近人不去，远人自来；其人一静而天下肃，一动而天下和。其人在世，天下荣光而生辉！其人去世，天下哀痛而失色！夫子是如此之圣，其如何可及啊？"

夫子一生偃寒，终未能得邦家也，则子贡何以逆知夫子之善治也？盖是夫子，圣人也！命由天命，道与先王，开斯文之宗，作生民之师，推扬礼乐之不已，维持王化于终始，于身修，于家齐，于国治，一以贯之，不二忠恕，邦家不治则已，治必其人之道，故夫子于邦家虽曰未得，人必谓之得矣，其不为素王乎？至于子贡之逆知，是子贡已入乎夫子之室矣。

子禽于夫子乃执礼之弟子，当知夫子之贤，其何出此悖言？盖子贡之贤为时人所善，子禽之问或为反谏，以比夫子之贤反语谏其戒骄，而子贡之答，温然肯切，有护夫子之名而未失其谦也，是其知夫子之贤也。故后世凡能知护夫子者，其必为君子也，反之不然。

尧曰篇

尧曰第二十

凡三章

（一）

尧曰："咨！尔舜！天之历数在尔躬，允执其中！四海困穷，天禄永终。"

舜亦以命禹。

曰："予小子履，敢用玄牡，敢昭告于皇皇后帝：有罪不敢赦。帝臣不蔽，简在帝心！朕躬有罪，无以万方；万方有罪，罪在朕躬。"

"周有大赉，善人是富。""虽有周亲，不如仁人；百姓有过，在予一人。"

谨权量，审法度，修废官，四方之政行焉。兴灭国，继绝世，举逸民，天下之民归心焉。所重民、食、丧、祭。

宽则得众，信则民任焉。敏则有功，公则说。

【注解】

尧曰 此尧命舜，而禅以帝位之辞。〇

咨 嗟叹声。

天 万物之主宰也。〇

历数 帝王相继之次第，犹岁时气节之先后也。

允 信也。

中 无过不及之名。

舜亦以命禹 见《虞书·大禹谟》。

曰予小子履 此引《商书·汤告》之辞，盖汤既放桀而告诸侯也。履，盖汤名也。

玄牡　玄，黑也；牡，雄性也。此谓祭祀之黑色公牛；盖夏尚黑，故用玄牡。○
后帝　天帝也。○
简　阅也。
周有大赉　见《周书·武成》篇。赉，所以赐予善人。
虽有周亲　此《周书·太誓》辞。周，至也。
权　称锤也。
量　斗斛也。
法度　礼乐制度皆是也。

【述要】

夫子常讽道先王之德，弟子记其辞令：

"帝尧道：'咨！舜呐！我老了，天方有命，天之历数运程已在你了，你当允信天命，善执其中天道啊！若在你治下，四海不昌，生民困穷，那天禄于你，便永为完结了！'

帝舜后逊位于帝禹，亦以天命命帝禹。

后有帝汤承续天命，其有法言道：'我小子履，敢用黑色牺牲，敢以实情昭告于皇皇后帝：凡悖逆天道有罪者，不敢私心宽赦，我乃上帝之臣，不敢掩过饰非，一切唯在上帝天心以检阅。我有罪责，不敢因此累及万方；若万方有罪，罪在我一人而已。'

至周又承天命，大封诸侯，天下善人因此得富；而武王亦有法言道：'周遭虽有亲戚旧故，不如仁人在侧。若百姓有过，不在百姓，在我一人。'

观三代政治，必先谨慎权衡器量之裁，审严律度长短之定，以使天下制度一统；又能选贤充任，修立废弃官职，于是四方之政便可通行无碍。继而封建前朝之遗旧，以重兴久灭之国；为前贤正名，并为其后裔序爵定禄，使前贤享祀不绝于后世；举逸民野贤而为国家所用；有是三者，天下之民便无不欣然而归附其心了。继而又有所重：以生民为天下之本,仁爱之,博施之,广济之,则生民感义戴德,有欲报之心,故民本之重,可以使民心向仁;丰农殖嘉谷之食,兴布帛可衣之货,此可以富民,故食货之重,可以使民生有本;临丧致哀,则爱亲之思溢流,人民能不慎终追远?故丧事之重,可以使民重亲孝养;而祭祀以礼,有礼文之教,祭祀以诚,有敬畏之诚,祭祀追远,有德厚之劝,故祭祀之重,可以使民从教劝化了。上述三代之制,必将遗泽于后世啊!

宽仁厚爱则能得众,自天诚明则能建信,因此人民无怨而任劳;躬身勤敏,则有功于天下,大公无私,则能和悦天下;此之所言乃圣王之德吧!"

夫先王之治也,唯见天道冲融,上下赤心,夫子忻然怀想之不禁,于是有讽道之不止!

而今黍稷离离,周室荒败,苛政泛滥于诸侯,生人号泣于邦家;奈何尧舜之不遭,汤武之未逢,悲己不得为天吏而泽德于民,于是夫子讽道之不止,以遣其愁怀也!

不有天之历数乎?昔者受在先王,王之在道,民之乐天,举王民方为一体;虽今已《诗》亡迹熄,不有后死者顷接王道于风烟之境,犹有文武之在掌乎?学之为乐,诲之成教,有贤贤以守望,道流又见沛然而御下,于是夫子讽道之不止,而归其乐于先王,归其命于天也矣!

(二)

子张问于孔子曰:"何如斯可以从政矣?"

子曰:"尊五美,屏四恶,斯可以从政矣。"

子张曰:"何谓五美?"

子曰:"君子惠而不费,劳而不怨,欲而不贪,泰而不骄,威而不猛。"

子张曰:"何谓惠而不费?"

子曰:"因民之所利而利之,斯不亦惠而不费乎?择可劳而劳之，又谁怨？欲仁而得仁，又焉贪？君子无众寡，无小大，无敢慢，斯不亦泰而不骄乎？君子正其衣冠，尊其瞻视，俨然人望而畏之，斯不亦威而不猛乎？"
子张曰："何谓四恶？"
子曰："不教而杀谓之虐；不戒视成谓之暴；慢令致期谓之贼；犹之与人也，出纳之吝，谓之有司。"

【注解】
美　成仁之由。○
恶　败事之因。○
君子　上位者。○
虐　谓残酷不仁。
戒　谕告以警之。○
暴　谓欺凌之恶。○
致期　刻期也，限期也。○
贼　切害之意。
犹之　犹有。○
与　施予。
出纳　支出。○
吝　惜也。○
有司　治国者也，有其责以司牧人民。○

【述要】
　　弟子子张问夫子："如何便可以从政呢？"
　　夫子道："尊从五美，屏除四恶，这便可以从政了。"
　　子张问："如何是五美呢？"
　　夫子道："君子惠而不费，劳而不怨，欲而不贪，泰而不骄，威而不猛。"
　　子张问："关于惠而不费之五美又作何解释呢？"

夫子道："凡政令皆因依人民之利益而制定施行，若邦国有所利获，必践前诺而返利于民，此不为善政惠民、善使民力，而邦国无有多费吗？量民力而定可劳之事，使劳有所得，得其所宜，而后人民兴劳，邦国富有，如此之劳，又谁能生怨呢？在上虽有所欲，而多寡止于仁心，遂有此仁德远布，上下争以效之，则天下归仁者众，天下归仁者既众，又如何会贪呢？君子扬善施德，岂以人之众寡、位之高下而有分别，其恭敬于人，无敢欺慢，此不为上下交通为泰，而无有骄矜之气吗？君子正衣冠，尊瞻视，俨然礼正而持中，人人望而畏之，肃而敬之，此不为可畏之威，而无有迫人之凶吗？"

子张又问："如何又是四恶呢？"

夫子愤慨道："在上不施王教文法，而致在下失德犯险，却杀之不悯，绝无宽赦，此乃残虐之恶啊！在上不布政命戒令，却欲视政有成，视民有成，不成便加以刑威，此乃凶暴之恶啊！政令慢渐，不能顺通，却刻意求期求成，不期便加以责罚，此乃贼害之恶啊！还有可恶者，是应当施予人民财货之时，却不顾人民生计，支出吝啬，有此不义之举，竟然称为治国者，实在有辱有司一词。"

君子惠而不费，则民均沾其利而国得其宜；君子劳而不怨，则民顺遂其意而国得其宜；君子欲而不贪，则民归厚其德而国得其宜；君子泰而不骄，则民素安其位而国得其宜；君子威而不猛，则民恭守其职而国得其宜；是以五美扬而国无不治。而教化奉行，谕告及时，政令不慢，出纳不吝，则四恶避而国无危害。

夫子不唯仁爱充满，又有德法之可施，其于从政乎何有！

（三）

子曰："不知命，无以为君子也。不知礼，无以立也。不知言，无以知人也。"

【注解】

命 当所领受。○

礼 所以安耳目，措手足也。○

言 中道之词；其为天道之垂文，圣人之立宪，良知之发声也。○

【述要】

夫子道："不知上天有命，命君子以载道，不知圣人有命，命君子以承述，不知天下有命，命君子以任重，则无以为君子了。

不知星拱北辰之礼，不知人伦序秩之礼，不知束脩拜学之礼，则无以立于大野、立于庙堂、立于师门了。

不知天地无言之言，不知圣人法言之言，不知良知自省之言，则无以知人之所以为人，人之何以为人，人之何以成仁啊！"

后记

　　自去岁秋末而入冬，又从今春而入夏，小庭岁月安祥，流光未觉，而群樟旧叶已尽，枝条披新。期间就白昼而述作，潜暮色而深思，可谓日夜在兹；颜子三月不违仁，而吾六月不违夫子之言，不知其有同乎？就白昼而述作，和一天之阳以洗炼精神，似无往而不利，潜夜色而深思，混极暮之阴而虚静灵台，似无虑而不得；倘若此书真能显白夫子之意，则喜于夜暮而述作经义者，当思天阳之不接何能述全乎经义？盖经义为阳性之属也。

　　以夫子之宏深远阔，朱子至临限尚未停于《集注》之修订，吾之所言半岁而成此《论语》之述，不亦遽乎？不然也。自夫子以降约二千五百余岁，于《论语》经义之诠，踵武接迹者不绝于世，此已有经义之大体；今日全球交通，国祚新胜，今人胸次自不输于古人，既有前贤述著之得益，又有师友之启发与砥砺，盖不必穷年而后有得；且此书仅求于《论语》语意之白，未敢求于夫子之全体也。

　　虽言半岁之成述，而吾之所述未尝不始于而立之年。盖吾三十而志于学，唯好古而不疑；好古而不疑，岂不为述乎？而若今日吾之所述未背夫子之意，则吾之所述亦未尝不始于童蒙之时。童蒙有父母之养，稍长有师长之教，迨及谋事，又有贤者之劝，此三者皆有益于正意之积习；而正意之积习，乃志学之肇端，志道之基本也，其不亦为述乎？

　　既言前贤述著之得益，则有朱文公之《四书集注》，王阳明之《传习录》，方友石之《诗经原始》，钱宾四先生之《论语新解》，南公怀瑾先生之《论语别裁》，邓艾民先生之《传习录注疏》等，其于圣人之境界，圣人之信仰，圣人之学问，学人之风貌，学问之笃定，裨益无穷；而刘守中兄之《论语新识》，其中史料之详备亦予益不浅。

至于师友之启发与砥砺,岂为学问之能缺?徒知周旋于前贤,而耻讨论于今知,其一己之心智,何能开博境域,登极豁亮?其文字不过层累已知而已,不足为学问。

述之虽具,然何有于我哉?夫子已与造化同流,而吾之所述不过描摹造化一时之新,或为暂时之明,唯恐岁月蹉跎,又复不明,夫子所言:"默而识之,学而不厌,诲人不倦。"能不终身以奉之!

2017年5月12日
周应之于云端孟母堂

再记

忽晃之间，又去岁半，期间于《论语》述解既有补益，亦多校正，"后记"所云半岁而成《论语》之述，如今思来也仅初构而已。而诸多增补，则受益于刘守中兄所主持之《论语》讲师群、陈荩仁兄所讲之《北溪字义》及金纲先生之《论语鼓吹》，亦颇得益于网络未署名作者之见地。

书名"述要"，赖李保民先生责求而后有得，盖初名"论语语白"未能切于实际。又得其何以为述要之发问，遂而省观所思所学所识，作"知其光明也"之论调，欲以此往附贤圣之道统。

而于书稿之增补改正，则随时为之，然后以微信传照像于邱伟治兄，潦草之迹请其誊清抄正，一岁又半而未嫌烦琐辛苦，是以成书之善，吾岂敢自专。

又于《学而篇》第一章欲加评论，曾瞻顾徘徊而未能。近日与蔡孟曹兄讨论学问，其以为第一章夫子述中有自设之问，不唯宏开学问之规模，亦遣学者自叩良知而自开生命之格局，不禁大受启发，遂研思用句，豁然成论。同仁所惠良多，岂能心肺不铭！而有同仁如斯，人生幸何如之！至于诸先生道友之推荐，相善之功，言谢尚或不及！

忽有所忆者，大哥周伟民，赖其之恩，孟母堂得以在其家宅从教，至今将逾十年，清祥之地方有灵泉之思，圣智之接也，《论语》之述不有其功乎？不幸其人去岁已逝，痛之何及！

最后所欲感戴者，父母也，性命、惠命之予，自不必说，盖初闻其子有述，二慈即诺以梨刻之资，吾虽有不忍，亦颇觉欣然。二慈之心，不亦为仁爱乎？而此仁爱，不亦有仁风之益乎？

2019 年 3 月 15 日
周应之于云端孟母堂

师友赠言

经典意蕴无穷,解之概有两路,一者从诂训以法古,二者究义理而得心。要之,两路并非水火,周生之述《论语》也,盖遵前者而归后者者,故时有发明,豁人心脾。其行文,风象魏晋以上,读之,不觉喜意充周,诚佳作也。

——**王财贵** 敬题于文礼书院

应之先生此著,行文简洁,发义切要,大体呼应孟子之善端、遥契夫子之性命。覃研苦索,间有所得,或可补阳明之阙、朱子之遗,诚有裨益于儒林者也。

——**彭林**(清华大学中国经学研究院院长、教授)

作者身体力行,对于《论语》深有所见,凡其所论,乃得之于真实体证者,与一般饾饤考据,取之语言文字者,确有不同。其于"子罕言利与命与仁"一章格外有见,虽与时贤或有所异,却足以相资互参也。

——**林安梧**(哲学家、台湾师范大学教授、元亨书院山长)

周应之先生致力于传统文化教育,凡二十余年。所办"孟母堂"开新时代私塾教育之先河,在经典教育界具有广泛的影响。他基于自己这么多年的教育实践,撰写《论语述要》一书,希望弘儒道于天下。本稿有这么几个特点:一、出乎凡俗的高度。微言中常现大义,上接程朱,近绍素书楼主人(钱穆),绝不俯首流俗,拒绝作庸俗化讲解。二、意蕴丰厚,不拘于字面意义。三、经义时有自己的发明。本于先贤往圣,又有自己的创获。四、用典雅规范的文言写成,义丰而言约。值得反复咀嚼,回味无穷。希望应之先生这部独具特色的著作早日问世!

——**王干城**(老子研究专家,"新道家"代表人物之一,曾任上海交通大学老子书院创始院长、四川大学老子研究院客座教授)

周应之先生办"孟母堂"多年,于教育子弟之余,体会涵咏夫子之道而有所得,作《论语述要》,言简而意实,间有所发明,清新可喜,而归于"知其光明",诚今日研读《论语》之可贵参考。

——**姚中秋**(山东大学儒学高等研究院教授)

周应之先生是近来中国私塾教育的先行者,办有著名的"孟母堂"。他的经典教学重视经义研究和讲解,在今日私塾乱象中难能可贵。《论语述要》一书是周应之先生在长期经典教学中摸索出来的成果,颇有个人创建。如果能辨析历代注疏异同得失,再出己意,会更加完善。

——**柯小刚**(同济大学人文学院教授)

心学理学,非有别也,要在圣心。旧注新注,无论多也,止于得心。应之先生既畅气韵,以继弦歌,则必有乐此岑蔚,求其友声者焉。

——**泺邑吴飞**

助者贤名

启发	陈煜峰
	韩　星
	季惟斋
	杨朝明
	鲍鹏山
	刘　强
	杨　赛
	杨汝清
	唐元平
	吉恩煦
	顾瑞荣
	张　真
	严　思
	许　枫
	仕隐君
	蔡孟曹
	龙　平
	方　宇
	刘从义
	杨元正
	金泓帆
	阮　菲
	李来明
场所	周伟民
誊抄	章宸玮

	周子齐
整理	吕丽委
	庄　玲
校对	邱伟治
	庄哲静
	李一涛
	杨　焕
	屈　欢
	常　红
	冯军梅
设计	朱　平（点朱传媒）
出资	周学忠
	王翠兰